Maurice Bardèche

Qu'est-ce que le Fascisme ?

Maurice Bardèche
(1907-1998)

Qu'est-ce que le Fascisme ?, Paris, Les Sept couleurs, 1961

**PUBLIÉ PAR
OMNIA VERITAS LIMITED**

www.omnia-veritas.com

TABLE DES MATIÈRES

PREMIÈRE PARTIE 9

    ENQUÊTE SUR LE FASCISME 9

    I - LE CÉSARISME DE MUSSOLINI 12

    II - LE FASCISME GERMANIQUE 18

    III - FASCISME ET FRANQUISME 41

DEUXIÈME PARTIE 60

    LE NOUVEAU FASCISME 60

    I - LES GROUPEMENTS NÉO-FASCISTES 63

    II - LE NASSÉRISME 86

    III - FIDEL CASTRO EST-IL FASCISTE ? 93

    IV - LES FASCISMES INATTENDUS 104

TROISIÈME PARTIE 118

    LE RÊVE FASCISTE 118

DÉJÀ PARUS 135

PREMIÈRE PARTIE

ENQUÊTE SUR LE FASCISME

Je suis un écrivain fasciste. On devrait me remercier de le reconnaître : car c'est, au moins, un point établi dans un débat dont les éléments se dérobent.

Personne, en effet, ne consent à être fasciste. La Russie soviétique qui vit sous le régime du parti unique et de la dictature policière n'est pas un pays fasciste, c'est même, paraît-il, tout le contraire. Le gouvernement hongrois qui fait tirer les tanks contre les ouvriers et traduit les grévistes en Cour martiale n'est pas non plus un gouvernement fasciste, il défend simplement le pouvoir du peuple. Un gouvernement provisoire qui se sert du terrorisme pour imposer la volonté d'une fraction activiste à un pays tout entier n'est pas non plus une organisation fasciste, c'est un mouvement de libération nationale. Ce n'est donc pas la forme des institutions qui caractérise le fascisme, mais autre chose.

L'unanimité ne se fait pas plus sur les objectifs que sur les méthodes. Si vous défendez le capitalisme, vous êtes nécessairement fascistes, disent les communistes. Mais l'opinion commune ne les suit pas. Les États-Unis, l'Angleterre, l'Allemagne d'Adenauer ne sont fascistes que pour les délégués soviétiques et leurs auxiliaires. Même en France où les crises politiques ont amené au pouvoir une sorte de régime présidentiel, l'homme de la rue secoue la tête avec scepticisme lorsqu'on lui explique qu'il vit sous une dictature fasciste. Il ne suffit donc pas d'écouter respectueusement les présidents-directeurs généraux des banques et des grands trusts pour être convaincu de fascisme sans autre discussion.

Ce critère qui nous échappe, on sent toutefois, par quelques exemples, qu'il ne jouera pas éternellement aux quatre coins avec une conscience résolue. « Il y a des pays fascistes, s'écrie la conscience résolue, et vous savez très bien lesquels. Les dictatures militaires d'Amérique latine, les pays dont les hommes politiques ne sont que les régisseurs des marchands de jus de fruit, le régime de Franco en Espagne, voilà ce que nous appelons le fascisme. La définition que vous cherchez, tirez-la donc de votre propre analyse : un régime fasciste est celui qui refuse la liberté au peuple pour perpétuer les privilèges d'une minorité nantie. Ne jouez pas sur les mots. Le fascisme est l'union d'une méthode et d'un objectif ; il supprime la liberté, ce qui n'est pas blâmable en soi, mais il la supprime pour assurer l'inégalité sociale et la misère, et c'est à cela que nous le reconnaissons. »

Il n'y a qu'une objection à cette définition, mais elle est embarrassante. C'est qu'il n'est pas un fasciste qui accepte de reconnaître le fascisme dans les dictatures militaires d'Amérique latine, dans les fiefs des marchands de jus de fruit et même dans l'Espagne de Franco, qu'il est d'ailleurs assez peu honnête d'assimiler aux exemples précédents. Dans ce que les intellectuels, les journaux et les partis appellent le fascisme, les fascistes refusent de se reconnaître. Ils vont plus loin : ils condamnent comme leurs adversaires, ces exemples qui leur sont opposés. Qu'est-ce donc que ce fascisme dans lequel nous voyons tout autre chose que la presse, la radio et les docteurs de notre temps ?

Si j'étais seul de mon espèce, cet éclaircissement ne mériterait pas d'être tenté. Mais il se passe un étrange prodige : l'écrivain fasciste, l'intellectuel fasciste, c'est un gibier introuvable, le régime qui accepte d'être taxé de fascisme, cela n'existe qu'aux antipodes et c'est aussi archaïque qu'un roi nègre, mais en revanche il y a des groupes fascistes et ils ne le cachent pas, il y a des jeunes fascistes et ils le proclament, il y a des officiers fascistes et on tremble de cette découverte, enfin il y a un esprit fasciste et il y a surtout des milliers d'hommes qui sont des fascistes sans le savoir, sous un autre bonnet qu'ils portent et qu'ils regardent avec suspicion, dont le fascisme, tel que nous le concevons et non tel qu'on le décrit, serait tout l'espoir si on leur expliquait ce que c'est. Voici le miroir où se reflètent nos cœurs : je veux qu'ils se reconnaissent. Ou qu'ils sachent, du moins, en quoi ils ne sont pas nos frères. Même nos ennemis, il faut qu'ils sachent de quoi ils sont ennemis. Le temps, qui a gonflé les voiles, nous a fait doubler le cap des mensonges. La terre des mensonges s'éloigne dans la brume, les yeux de vingt ans ne la voient plus. Et maintenant, dans le vent qui se lève, il ne faut plus avoir peur des mots.

I - LE CÉSARISME DE MUSSOLINI

Et d'abord, ouvrons les fenêtres du château hanté dans lequel rôdent les spectres du passé. Chassons les fantômes de leur table de marbre. Profanons les grandes salles silencieuses de notre histoire pour y trouver ce que le temps a laissé intact, ce que la jeune aurore fait briller.

Au lendemain de la défaite, il fallait arrêter la grande peur devant le mensonge, le sauve-qui-peut sous le feu roulant de la propagande. Rompus aux genoux comme les andouilles de Rabelais, voilà ce que nous étions tous. Alors il fallait un seul cri, un cri de ralliement, un feu sur une colline pour montrer qu'à cet endroit-là, il y avait des gens qui se défendaient encore. Parce que le mensonge avait tout confondu, nous avons tout recueilli, parce qu'on étripait sans discernement, nous avons pansé toutes les blessures, nous avons enterré ensemble tous les morts. J'ai défendu, avec quelques autres, le régime de Vichy, et pourtant, je rejetais, dans le secret de mon cœur, les trois-quarts de ce qu'avait fait Vichy. J'ai défendu les accusés de Nuremberg : il y en avait que, dans le fond de ma conscience, j'aurais peut-être condamnés. Ce n'était pas le moment de faire un choix. L'injustice était indivisible, la réponse doit l'être aussi. Mais aujourd'hui, nous pouvons, sans lâcheté, dire la vérité. Nous devons la dire : il y a des aspects de ce que fut le fascisme dont le fascisme actuel refuse d'être solidaire.

Cette mise au point, qui n'a jamais été faite publiquement, ne serait peut-être pas absolument sans intérêt même si elle n'était rien de plus qu'une de ces confessions comme on en fait parfois devant la communauté des fidèles. Mais elle n'est pas seulement un *témoignage*. Je crois connaître assez ceux qui se nomment eux-mêmes des fascistes, pour affirmer que je parle en leur nom. Même si tous ne sont pas aussi sévères que je vais l'être, tous sentent confusément qu'ils ont le devoir de s'expliquer en cette matière et de commencer leur *Credo* en disant ce qu'ils ne sont pas. Qu'ils acceptent avec fierté leur héritage, mais qu'ils sachent qu'ils n'en feront une demeure que s'ils arrachent les ronces et les troncs morts qui l'ont encombré.

La première version du fascisme que nous présente l'histoire contemporaine est le fascisme italien. À l'origine, c'est un mouvement de militants socialistes et d'anciens combattants qui sauva l'Italie du bolchevisme. Mussolini est le fils d'une institutrice et d'un forgeron militant de l'Internationale. On le met en prison à vingt ans pour avoir fomenté une grève générale. Il est d'abord insoumis, s'exile en Suisse, traduit Kropotkine, la première revue qu'il fonde s'appelle *La Lutte de classe*, le premier journal qu'il dirige est un journal socialiste. Les débuts du fascisme ne démentent pas cette origine. Le discours de San Sepulcro qui est l'acte de naissance du *fascio* réclame la confiscation des biens des nouveaux riches, la dissolution des grandes sociétés anonymes, la distribution des terres, la participation des ouvriers à la gestion des entreprises, la suppression des titres nobiliaires.

En vingt ans, qu'est-ce que le fascisme a réalisé de ce programme ? Ce que nous pouvons dire, ce que nous devons dire, c'est qu'il a été autre chose. Très vite, le fascisme a oublié une grande partie de son programme révolutionnaire pour accomplir une œuvre d'efficacité pratique et d'union. Il était venu au pouvoir pour éviter l'anarchie, le chaos, la guerre civile. Il alla au plus pressé, rétablit l'ordre, le travail, la paix. Puis il organisa et construisit. L'Italie redevint la nation des bâtisseurs. La sève romaine remonta dans le vieux tronc. Mussolini fut d'abord un proconsul. Le fascisme produisit des routes, des hôpitaux, des écoles, des aqueducs, il asséca des marais, augmenta les récoltes. « Asfaltar no es gubernar » lui répondit-on. Mais il gouvernait aussi. Il mettait en place le corporatisme, réalisation plus délicate que celle d'un autostrade. La Charte du Travail n'était pas assurément l'écho du discours de San Sepulcro. Mais elle posait avec réalisme les fondations d'une cité socialiste que l'avenir pouvait étendre : le remplacement des assemblées parlementaires par des instances syndicales, la représentation ouvrière, les contrats collectifs, la sécurité sociale, l'organisation des loisirs étaient autant de bases de départ qu'une volonté de gestion socialiste pouvait développer et transformer. Une condition était pourtant essentielle. Puisque le fascisme voulait maintenir la propriété privée tout en imposant sa volonté à l'égoïsme du capitalisme libéral, il fallait savoir que l'État fasciste se trouverait en présence d'une lutte sournoise de chaque instant et qu'il s'engageait à une perpétuelle vigilance.

Ce fut alors la jeunesse du fascisme et j'avoue que je ne puis y penser sans regrets. Il y avait des chemises noires et des bottes, des licteurs et des bras levés, mais sans rien de rauque et de gigantesque. Mussolini était à peine protégé. Il aimait le peuple, les enfants, la familiarité. On avait accès à lui facilement. Parfois, il prenait son auto rouge — qu'il conduisait, dit-on, assez mal — et partait seul pour se promener en sa *province* d'Italie plus simplement que ne l'avaient jamais fait un Lélius ou un Scipion. On l'aimait. « Tu es nous tous » lui disait-on. Les slogans n'avaient pas apparu sur les murs et ce n'était pas un article de foi que Mussolini avait toujours raison. C'était une « dictature populaire », disaient les fascistes eux-mêmes, mot qui résonne bizarrement aujourd'hui. C'était le temps où Mussolini avait des guêtres blanches et un chapeau melon. J'aime assez cette période touchante.

Le *style fasciste* ne vint qu'après, avec ses uniformes, ses emblèmes, ses inscriptions, ses claquements de talon et son chef campé le poing sur les hanches, le menton haut. Ces formes militaires de la discipline symbolisent l'unité de la nation. Elles lui font sentir sa force, elles la grisent d'efficacité, d'énergie, elles lui promettent une action virile, elles lui parlent d'honneur et de sacrifice. Par elles, l'homme échappe à sa vie médiocre et routinière, à la fonction sans joie qu'il accomplit humblement dans la cité, il devient un soldat à son poste, sa vie a un sens, il est uni aux autres hommes de sa nation comme le soldat est uni à ses camarades. Le fascisme traditionnel se reconnaît dans les défilés de ces jeunes héros bien durs, bien intransigeants, et qui peuvent fournir selon l'aveugle destinée à la fois des martyrs ou des assommeurs, des brutes ou des saints. Le combat contre le pouvoir, le combat pour empêcher les nations de mourir, ne peut se passer de ces phalanges, je le sais. Toujours *l'habit de lumière*.

Mais ce civisme militaire, si la vie même de la nation

repose sur lui, comme il finit par être dangereux ! Mussolini devenu *duce*, proclamé infaillible, ne paraissant plus qu'au balcon comme un pape, entouré de dignitaires qui s'immobilisaient devant lui à six pas, perd à mes yeux tout le charme du petit instituteur socialiste devenu conducteur de son peuple. Et surtout, *il n'est plus* ce conducteur de peuple qu'il était. L'éclat de la majesté, l'habitude de la représentation l'éloignent des hommes. Il ne connaît plus l'Italie que par des tournées spectaculaires et des rapports de préfets. Ce consul, au milieu des ovations, il se condamne à n'être plus qu'un bureaucrate. Les dignitaires du fascisme sont ses yeux, sa main, ses licteurs. Et si ce sont des imbéciles ? Si la distance devient chaque jour plus grande entre le *pays réel* et *l'idée* qu'entretient dans l'esprit du dictateur l'armée casquée qui passe en chantant sous ses fenêtres ?

La catastrophe du fascisme italien n'eut peut-être pas d'autre origine. Mussolini, irrité par les sanctions, rêvait d'une Italie militaire, romaine, casquée, indomptable. Il entendait le pas des légions. Et le pas des légions résonnait, en effet, sous ses fenêtres, ses préteurs lui montraient sur des cartes les emplacements de ses camps. Il parlait de la « nation guerrière » et, à force d'en parler, il crut à la « nation guerrière ». Il oubliait le charmant peuple italien et les mandolines de Naples et les artisans laborieux de l'Italie et ses immenses terres pauvres et la soupe fumante sur la table de la famille qui attend le soir les enfants. Il regardait un rêve de dictateur au lieu de regarder le visage de l'Italie. Et il oubliait aussi que la justice sociale est une bataille qui se gagne chaque jour, qu'elle exige un amour infini et une attention infinie, qu'il faut une surveillance de tous les instants pour défendre celui qui travaille contre celui qui est riche et qu'on ne peut pas se contenter des rapports des préfets.

Perdu dans son rêve de grandeur, il jouait avec l'ombre et il oubliait l'essentiel. Empereur d'une nation fantôme, il appuie sur des boutons qui ne font rien marcher. Et, à la fin, comme le lieutenant Bonaparte faillit sauver à Montereau et à Champaubert la fortune de Napoléon, c'est le petit instituteur socialiste qui vint au secours miraculeusement du dictateur Mussolini.

Rien n'est plus émouvant dans l'histoire du fascisme italien que le retour aux sources accompli sous le poing de fer de la défaite. Le programme de la république de Salo en 1944, c'est celui sur lequel Mussolini aurait dû jouer vingt ans plus tôt son pouvoir et sa vie. C'est cela, la vérité du fascisme. Mais, comme les batailles de la campagne de France, elle venait trop tard. Il y a un moment où aucune sagesse ne peut plus arrêter les avalanches provoquées par les fautes. Mussolini est mort de son césarisme, de l'isolement que le césarisme entraîne, des chimères qu'il laisse se développer, de l'optimisme et des satisfactions faciles dont il se contente, de la poudre qu'il jette aux yeux des autres et qui finit par l'aveugler. Le fascisme italien a été envoûté par le fantôme de Rome : dans cette ivresse historique, il a perdu le sens de la réalité. Nous devons apprendre que le fascisme ne peut pas se contenter d'être un césarisme.

II - LE FASCISME GERMANIQUE

Le national-socialisme allemand se rattache, lui aussi, à une vision historique, il a été baptisé par des fées non moins illustres dont le parrainage ne fut pas plus heureux. Tout différent du fascisme italien, il est né de la défaite allemande, de l'humiliation du peuple allemand et aussi de l'orgueil germanique. Vaincus après une guerre héroïque dans laquelle ils avaient montré la sombre bravoure des soldats d'Arminius, les Allemands demandèrent à leur passé germanique à la fois une justification de leur unité nationale menacée et une raison de croire en eux-mêmes. Pendant que des hommes en jaquette, penchés sur des cartes, dépeçaient l'Allemagne, une poignée de soldats vaincus songeaient au chant de guerre des lourds carrés entourant les chariots barbares, à leurs bras soudés, à leur marche puissante contre la ligne de Varus, à l'empire des chefs de guerre qui succéda à celui de Rome, au temps de Charlemagne qui est plus beau et plus poétique que le siècle d'Auguste, au grand fleuve Moyen-Âge père de nos champs et de nos cités. Et ils sentirent alors le sol ferme sous leurs pas. Là était leur vérité, là était leur foi. Ce fut la limite de leur désespoir et la certitude de ce qu'ils étaient. Une Jérusalem nouvelle se leva pour eux sur les ruines de leur patrie : c'était tout autre chose que la gestion nationale que Mussolini se donnait pour tache en 1921.

Une autre différence fondamentale est que le national-socialisme n'eut pas le temps d'être réalisé. Hitler arrive au pouvoir en 1934 et, dès 1938, il abandonne à ses collaborateurs la réalisation des réformes et se consacre entièrement à la préparation d'une guerre qu'il juge inévitable. À partir de la guerre, les nécessités implacables de la lutte contre une coalition mondiale commandent toute la politique nationale-socialiste, elles changent entièrement le caractère du régime. Peut-on porter un jugement définitif sur un régime qui n'a disposé que de quatre années de paix pour modeler une nation ? Si nous prétendions juger le régime soviétique sur la Russie de 1924, quel communiste accepterait ce critère et quel adversaire du communisme oserait même le proposer ? C'est pourtant ce que nous faisons en jugeant sans appel le national-socialisme, d'une part sur ce que ses courtes années de plein exercice lui ont permis de faire, d'autre part sur ce que les nécessités de la guerre l'ont contraint d'imposer.

Des lors, le procès qu'on fait habituellement au national-socialisme risque d'être complètement faussé. On met en accusation une doctrine et on la juge sur les résultats qu'elle a produits dans une période de fonctionnement anormal. En poursuivant la discussion sur ce terrain on ne rencontre que des passions et des cris de haine, on se heurte aux fortifications imprenables de la propagande que le temps peut seul recouvrir de mousse et désarmer dans l'oubli : cette tâche ne fait gagner que des blessures glorieuses, mais elle n'apaise pas, et, pour l'instant du moins, elle ne reconstruit pas.

Laissons donc cette discussion actuellement stérile. Au fond, ce qui est frappant, lorsqu'on recherche ce qu'une définition cohérente du fascisme peut retenir du national-socialisme, c'est l'étrangeté du national-socialisme, je veux dire par là ce qu'il a de foncièrement germanique, d'inadaptable aux autres peuples. N'eût-il pas commis des fautes, desquelles nous n'avons aucune raison de nous déclarer solidaires, il est si loin de nous par son inspiration profonde qu'il est presque inutilisable. Il reste l'image *forte* du fascisme : pareil à un jeune dieu triomphant et terrible, mais venu des plaines étrangères où naissent les dieux inconnus.

On admettra plus facilement une partie du moins de cette affirmation si l'on prend garde à la constatation suivante : la plupart des chapitres de *Mein Kampf* sont à peu près dépourvus d'intérêt pour un lecteur de 1960, aussi glouton de néo-fascisme que vous vouliez bien l'imaginer. Car ils traitent de la situation de l'Allemagne dans l'Europe de 1935, laquelle est aussi éloignée de l'Europe dans laquelle nous vivons que cette Europe de 1905 en fonction de laquelle ont été prises les positions de Maurras.

Ces chapitres de *Mein Kampf* sont doublement inutilisables pour nous : d'abord parce qu'ils s'appliquent à un équilibre de forces qui n'existe plus, ensuite parce qu'ils mettent le national-socialisme au service d'un nationalisme revendicatif qui a aussi profondément disparu de nos préoccupations que l'Europe de Poincaré. Arrachons donc les pages de *Mein Kampf* qui concernent le Traité de Versailles et les frontières allemandes. Mais tenons pour suspectes aussi toutes celles qui ont surtout pour objet de mettre le peuple allemand en mesure de soutenir cette revendication. Si le national-socialisme n'est qu'une doctrine de revanchards, il n'y a rien à en tirer pour nous.

Cette remarque n'est faite qu'en passant. L'essentiel est ailleurs. Le voici : la vision germanique ou médiévale du monde n'est pas plus fondamentale pour un fascisme moderne que la vision romaine de Mussolini. Entendons-nous sur ce point : lorsqu'elles nous parlent de travail, de courage, d'héroïsme ou lorsqu'elles nous rappellent notre commune origine ou notre commune vocation, rien n'est plus essentiel que ces images de notre passé, rien ne nourrit mieux notre sensibilité et notre pensée. Mais ces évocations nourricières de l'imagination ne doivent pas être transformées en mythes et encore moins confondues avec des médicaments. L'Allemagne du Saint-Empire, la puissance romaine, la France de Louis XIV ne sont pas des chevaliers de pierre qu'un coup de baguette peut ressusciter. Leur grandeur contient des secrets de vie et de jeunesse que nous avons à retrouver. Mais leur résurrection, si elle était possible, ne suffirait pas à sauver l'Occident. Nous avons à nous sauver chaque jour et nous aurons à nous sauver chaque jour : en cela les peuples sont comme les chrétiens. Le rêve historique hitlérien contenait donc en lui-même la même part de chimère que le rêve maurrassien ou le rêve mussolinien, il ne reposait sur aucune affirmation universelle, il ne proposait aucune mission pour tous les hommes, il n'affirmait qu'une mission du peuple allemand.

Mais il offrait ceci de plus redoutable, d'infiniment plus redoutable que le rêve de Mussolini : c'est qu'il engrenait quelque part avec la réalité. La chute de Mussolini fut une chute normale, en quelque sorte, elle fut une chute de capitaine d'industrie, une chute d'inventeur, la chute héroïque, la chute classique d'Icare, celle des hommes qui ne sont plus en prise avec la réalité. La chute d'Hitler fut effroyable parce qu'il avait pris toute la nation allemande dans son rêve, parce que le peuple allemand fut *pris* tout entier comme la glace d'un fleuve est *prise* par l'hiver et que la catastrophe s'abattit non sur le rêveur seul, mais sur tout.

Car le fait *sans rapport avec le fascisme*, ce fut de jouer cette carte germanique seule et surtout de jouer *l'homme germanique seul*, à l'exclusion des autres hommes. Le fascisme n'a jamais rien dit sur *l'homme germanique seul*. Il aime bien l'homme germanique, le fascisme, il n'est pas contre : mais il ne lui reconnaît aucune exclusivité, il lui reconnaît des qualités, ce n'est pas la même chose, mais aucune exclusivité, et il n'y a pas de raison, je veux dire il n'y a aucune raison *universelle*, aucune raison de sagesse et de justice pour lui conférer en effet une exclusivité. Car l'Europe n'est pas seulement le Saint-Empire, elle est aussi l'Europe de César, elle est aussi la France de Louis XIV. Et l'Allemagne succomba sous cette faute immense et *sous aucune autre* : d'avoir voulu réaliser sa chimère historique, d'avoir cru surtout qu'elle *pourrait* la réaliser, d'avoir cru que *l'homme germanique seul*, comme Josué, pourrait arrêter le soleil.

Car tout est venu de là. « Les Allemands perdront la guerre, me disait quelqu'un en 1942, *parce que c'est une petite nation.* » Je crois qu'il ne faut pas chercher ailleurs, en effet, la cause de la défaite allemande. Une petite nation, un point rose, une petite tache rose dans un univers tout entier contre elle, avec ses forges, avec ses flottes, avec ses avions, avec ses bataillons inépuisables. L'homme germanique, il avait beau être digne des compagnons d'Arminius : il le fut. Mais il ne pouvait pas vaincre seul, il ne pouvait pas arrêter le soleil, *l'homme germanique seul*, il ne pouvait pas imposer au monde la paix germanique, la loi germanique, la grande paix silencieuse du Saint-Empire.

Et les fautes sont venues de là aussi. Il y avait à Berlin en 1934, 42 % de médecins qui étaient juifs, 48 % des avocats, 56 % des notaires, 72 % des agents de change, 70 % des propriétés foncières de Berlin appartenaient aux juifs. Aurait-il vraiment paru exorbitant que le gouvernement allemand prétende réintroduire quelques Allemands dans ces emplois réservés ? Une politique de délestage conduite avec prudence, aurait-elle exposé l'Allemagne à cette conjuration internationale de la haine dont Hitler avait lui-même expliqué la puissance ? Mais tout fut passionnel et, ce qui est pire encore, scientifique. Au lieu des normes habituelles de la politique — ce qui est utile, ce qui est possible, ce qui est nécessaire — on vit apparaître une donnée inattendue, la biologie, qui est aussi étrangère au véritable fascisme que le nationalisme allemand.

L'homme germanique ne se contenta pas d'être la magnifique bête humaine qu'il était, avec ses qualités qui sont admirables, il ne se contenta pas de perfectionner, de cultiver, d'améliorer avec raison, comme dans un élevage, cette bête humaine courageuse et sérieuse qui avait poussé sur son sol, il éprouva le besoin d'inventer le contraire de l'homme germanique, de personnaliser l'anti-Germain comme il avait personnalisé le Germain et de l'extirper scientifiquement au moyen d'une analyse spectrale aussi infaillible que celles de l'industrie chimique. La métaphysique s'incarna encore une fois et avec le cruel automatisme de la science. Une vision systématique du monde se mit à battre l'aire comme une machine pour séparer le bon grain de l'ivraie. Et il fallait séparer le bon grain de l'ivraie, mais pas avec une machine aveugle qui écrasait des milliers d'ilotes inoffensifs, pas avec un système absolu, rigide, mécanique comme tout système. Mais la trieuse scientifique, nickelée, insensible, automatique, ensachait les hommes, semeuse aveugle de détresse et de haine. Et *l'homme germanique* sortait de cette machinerie implacable, *seul* cette fois, bien seul, statue sans mélange, dieu incorruptible, brillant comme l'airain tout neuf, mais menaçant comme un dieu inconnu, comme un habitant d'une autre terre. Car la trieuse était un peu discrète sur nous autres Auvergnats. Et nous pensions au fond de nous, tout en admirant le courage des grands barbares blonds, que l'énergie, la loyauté, le sacrifice, la patience, cela peut se trouver aussi chez un laboureur de Romagne, chez un vilain paysan noir de la Castille Vieille, et même chez un Auvergnat.

Cette analyse laisse pourtant un point capital dans l'obscurité et j'en ai parfaitement conscience. Car, même si le fascisme n'est pas le nationalisme germanique et la sélection biologique, *néanmoins* cette conception aberrante du fascisme *a été et demeure*, non seulement pour les adversaires du fascisme, mais pour les fascistes eux-mêmes, l'image la plus forte, la plus entraînante, la plus héroïque du fascisme et par conséquent le fascisme même. Parce qu'au fond, le parti unique, les SS, le *führer-prinzip*, le gouvernement autoritaire et jusqu'à un certain point le racisme même ont fini par devenir les attributs caractéristiques du fascisme, et, pour ainsi dire, les caractères zoologiques qui permettent de l'identifier.

Prenons donc les pinces du monstre, ses antennes et ses griffes et grattons-les.

Pour commencer, le parti unique, qu'on rencontre aussi bien dans les régimes communistes que dans les régimes fascistes, est-il un attribut fonctionnel du fascisme ? Cette question mérite d'autant plus d'être posée que le pseudo-fascisme institué en France par le régime gaulliste a prouvé qu'on pouvait aboutir à la suppression de libertés essentielles sans avoir recours techniquement à aucun des appareils traditionnels du fascisme et en feignant, au contraire, de respecter les formes du mécanisme démocratique. Les empereurs romains avaient, jadis, affecté le même respect des institutions républicaines, puisqu'ils s'étaient bornés à proroger des pouvoirs exceptionnels et à les concentrer entre leurs mains.

Remarquons donc d'abord que le parti unique qui apparaît aujourd'hui comme le signe même par lequel on constate qu'un régime n'est pas démocratique, n'a été inventé, dans les régimes fascistes comme dans les régimes communistes, que pour faciliter l'utilisation des institutions parlementaires existantes et pour maintenir les apparences d'un fonctionnement démocratique.

Le pays est supposé s'être rallié tout entier au nouveau régime et ce ralliement global s'exprime par la fusion des différents partis désormais sans objet au sein d'un seul parti qui représente, unit et gère les aspirations symbolisées précédemment par tous les autres. En réalité, cette *nuit du quatre août* proclamée par les partis, n'est que la dernière des hypocrisies démocratiques. Le parti unique n'a, en fait, qu'une seule signification réelle sur le plan parlementaire. Son apparition signifie officiellement la fin des alternances qui font passer le pouvoir d'une clientèle à l'autre à l'intérieur de la stagnation démocratique. Mais quand le fascisme est institué, n'est-ce pas là une tautologie ? Le fascisme n'a nullement besoin qu'on répète, par cette abdication spectaculaire mais superflue, que le pouvoir ne changera plus de main, puisque c'est là le trait fondamental et, pour ainsi dire, la définition de tout régime autoritaire.

À quoi sert donc le parti unique ? Il incarne une contre-vérité, à savoir que le pays est *unanime* derrière le régime au pouvoir. Nous savons très bien que cette unanimité n'existe pas, du moins dans nos pays d'Europe, divisés par cent ans de politicaillerie : que ce soit une des tâches du fascisme de l'instituer, c'est autre chose. Mais ce mensonge initial n'en impose à personne et, d'autre part, il ne sert pas réellement le régime, parce qu'il déguise la vérité et risque de la faire oublier. En outre, l'exemple de l'Allemagne prouve assez que le parti unique largement ouvert à la population, se charge rapidement d'éléments stagnants, conformistes, débiles, qui n'illustrent rien d'autre que l'instinct moutonnier de la foule. Tout le monde en Allemagne faisait partie de la NSDAP, et lorsque vint la défaite du régime, tout le monde expliqua que cette adhésion ne signifiait rien. Le fascisme aura toujours assez de militants de cette espèce. En réalité, les pays communistes, bien plus expérimentés que les pays fascistes en cette matière, ont fait du parti communiste une organisation d'élite, résolument minoritaire, et c'est sous cette forme seulement que le parti unique est un instrument efficace. Il est évident que cette élite civique, instrument indispensable d'un État autoritaire moderne, n'a rien de commun avec le parti unique tel que l'Allemagne hitlérienne l'avait conçu, impressionnant par le nombre, mais inefficace, pesant, abritant tout, se superposant à tout et produisant finalement un pullulement d'abus et de mandarinats.

L'institution des SS correspond, au contraire, à une préoccupation permanente du fascisme. Mais il faut s'entendre ici sur ce qu'on veut dire. Les SS ont été d'abord un service d'ordre comme en ont tous les partis. Après la prise du pouvoir, ils ont fourni une garde prétorienne, puis ils ont été une élite du parti et ensuite de l'armée, enfin, dans une dernière phase, beaucoup plus tardive, ils sont devenus un État dans l'État, chargé notamment de la police politique.

Ces différentes fonctions successives des SS ne sont pas également intéressantes pour la définition du fascisme. La fonction prétorienne des faisceaux ou sections d'assaut est une fonction normale avant et après la prise du pouvoir. Ce n'est pas, du reste une spécialité du fascisme : ces prétoriens, on les retrouve partout, et notamment dans les partis et les régimes communistes. Les démocraties elles-mêmes ont adopté cette garde-du-corps du régime. Il n'y a donc rien à dire sur cette fonction purement marginale et occasionnelle des SS.

La véritable fonction des SS est toute autre. Ils furent conçus originellement comme une élite chargée d'*incarner* l'idée nationale-socialiste. Remplirent-ils cette mission ? La réponse que l'historien peut faire à cette question importe peu. Ce qui nous intéresse au point de vue théorique, c'est que, dans un État fasciste, une élite, quelle qu'elle soit, *vit* le fascisme, elle est à la fois le volant qui entraîne le régime et le bras qui le réalise.

Elle représente ce qu'il y a de meilleur dans le peuple parce qu'elle groupe les éléments physiquement les plus sains, moralement les plus purs, politiquement les plus conscients de l'intérêt de la nation. Étant l'émanation de ce qu'il y a de meilleur et de plus vigoureux dans la nation, cette minorité se substitue au peuple lui-même, c'est-à-dire qu'elle a pouvoir d'approuver à sa place et de réaliser en son nom.

Cette existence d'une élite à laquelle le régime lui-même confère une fonction propre dans l'État est la négation la plus vivante et la plus frappante du *credo* démocratique fondé sur la toute-puissance du nombre. Notons ici que dans les régimes communistes, la tâche dévolue au *parti* est à peu près celle que nous venons de décrire comme la fonction de l'élite fasciste.

Cette élite assure une triple tâche qui lui est naturellement dévolue parce que les multitudes suivent, mais sont impuissantes à créer. D'abord, les idées nouvelles doivent être *portées* au commencement par les forts : eux seuls peuvent provoquer la rupture des habitudes et des intérêts, eux seuls peuvent accomplir le dur travail des pionniers. Et c'est leur première tâche. Mais ensuite et chaque jour, la multitude a besoin d'exemples. Car elle est perfectible, mais ne peut être perfectionnée que par l'exemple. C'est pourquoi toute idée, comme toute religion, a besoin de vies exemplaires qui l'incarnent. Et c'est la deuxième tâche de *ceux qui portent l'idée*. Et enfin, un pouvoir fort, justement parce qu'il est fort, a toujours besoin d'agents sûrs, fidèles, désintéressés, qui lui indiquent ses erreurs, ses omissions, ses ignorances et qui, en revanche, fasse comprendre ses objectifs et ses décisions. Et c'est la tâche proprement politique de l'élite, qui est de contrôle et d'instruction. Ces trois tâches correspondent aux trois principes du pouvoir que la célèbre théorie de Montesquieu séparait, mais qui en réalité sont réunis dans tous les États complets et sains. À la première tâche, correspond la *crainte*, car aucun État ne peut se passer de discipline. À la deuxième tâche correspond *l'honneur*, car aucun État ne peut se passer d'idéal. À la troisième tâche correspond la *vertu*, car aucun État ne peut se passer de désintéressement. Et à ces trois principes correspondent aussi les trois vertus cardinales de l'action : le *courage* dans la confession de la foi, le *sacrifice* dans la pratique de chaque jour, l'*amour* dans la vocation qu'on donne à sa vie.

C'est dans l'utilisation de cette élite que l'État national-socialiste a commis de très graves erreurs. Par un contresens politique complet, il a laissé la direction des SS se fourvoyer dans des besognes de police et de garde-chiourmes, qui, dans tous les autres États sont réservées à des corps spécialisés que les régimes se réservent le droit de désavouer à leur guise. Les nationaux-socialistes ont précisément fait le contraire. Ils ont versé dans les SS d'autorité, sans aucune formation, sans autre vérification qu'une prise de sang, tous les effectifs de la police et de l'administration pénitentiaire, qui comprennent, comme on peut le présumer, beaucoup de gens que leur naturel et leur passé ne prédisposent pas spécialement aux vertus héroïques. Cela ne leur suffit pas. L'administration boulimique des SS incorpora, en outre, pendant les dernières années de la guerre, des territoriaux et des laissés-pour-compte de la mobilisation, variété militaire analogue à celle de ces valets qui suivaient au 16e siècle les armées combattantes et qu'on précipita pêle-mêle dans les tâches les plus inattendues.

Cette politique aberrante eut les résultats qu'il fallait attendre. L'élite que le régime voulait constituer comprenait en 1939 quelques dizaines de milliers d'hommes qui formèrent ces divisions de choc dont tout le monde connaît le nom. Mais, à la fin de la guerre, la direction des SS commandait à des millions d'hommes utilisés à n'importe quelle besogne et qui n'avaient de commun avec les SS que le sigle qu'ils portaient au col et la satisfaction d'avoir quatre grands-pères aryens. C'est exactement le contraire qu'il fallait faire. L'histoire du national-socialisme doit nous apprendre que les charges et les insignes de l'élite ne se distribuent pas comme des feuilles d'impôts, que le dépôt qui est ainsi remis est trop précieux pour qu'il tombe entre n'importe quelles mains. Et elle nous apprend aussi cette leçon grave, et plus grave pour ceux qui se disent fascistes que pour tous autres : c'est que l'élite qu'un pays se donne, la nation doit toujours lui garder les mains propres, *quelles que soient les circonstances*. Ce devoir les expose, je le sais. Mais elles sont faites pour être exposées. De telles troupes d'élite, si elles avaient le courage *civique*, lorsqu'elles sont frappées lâchement dans le dos, de ne pas répondre par des exécutions et des représailles, quelle image ne laisseraient-elles pas, non seulement de leur guerre, mais de leur notion du métier de soldat ?

Le parti unique, l'institution des SS furent des pièces très importantes du mécanisme national-socialiste : mais ce ne sont que des pièces, auxquelles on peut imaginer qu'on en substitue d'autres. Au contraire, le *führer-prinzip* est le moteur même du régime. Il est la source, le fondement de toute la structure nationale-socialiste. Et c'est à ce titre qu'il a été frappé d'une réprobation officielle que nous avons également à examiner.

Étonnons-nous d'abord qu'un *principe* répande tant de terreur : c'est prendre la philosophie bien au sérieux. Puis, mesurons-en l'empan épouvantable.

Si le *führer-prinzip* est l'affirmation d'une unité de direction, quel homme d'État peut le réprouver ? Il exprime une évidence. Il est la règle d'une saine gestion des affaires, privées ou politiques, en tout temps. S'il veut dire que le subordonné doit obéir à l'ordre donné *perinde ac cadaver*, il est le principe de discipline qu'on retrouve à la fois dans les ordres religieux et dans les armées en campagne. En ce sens, ce principe n'est pas spécialement l'expression du fascisme : il est la règle de tout état de crise et de toute entreprise difficile, loi des pionniers, des hommes en péril, de l'état de siège. Si le *führer-prinzip* veut dire en outre, que le chef seul décide et que l'obéissance lui est due quand il a décidé, n'est-ce pas ce qui se passe partout, en fait ? Une direction collective ne se distingue d'un pouvoir personnel que parce qu'elle remet à la majorité d'un bureau cette décision après laquelle la discussion doit cesser. Et, en fait, elle remet presque toujours, comme c'est le cas dans les pays communistes, les pouvoirs nécessaires à l'exécution de cette décision entre les mains d'un seul homme qui a la confiance des autres.

Ce n'est pas seulement cela, répondent les docteurs irrités, et vous savez très bien où est l'abomination. Les docteurs dressent ici un index grave : il y a le serment, le serment par lequel on abdique toute volonté, toute conscience devant l'ordre du führer, ce serment à double tranchant qui fait de chacun un autocrate quand il le reçoit et un esclave quand il le prête. Voilà ce qui offense la dignité humaine, voilà ce qui est la figure même de la Bête, car il n'est pas plus raisonnable d'exiger une obéissance sans condition que de se soumettre à la subir. Ici, les docteurs prennent une voix attristée : qu'un peuple soit assez fou pour renoncer à sa liberté, pour se donner un maître, l'histoire nous apprend que ce n'est pas impossible, mais, voyez-vous, ce qui est intolérable, ce qui doit révolter et ce qu'on doit maudire, c'est que des hommes s'arrachent leur conscience, se châtrent de leur conscience, ne soient plus que des eunuques de la vie morale, des janissaires sans entrailles et que *le régime leur fasse de cela une obligation.*

Cette indignation des docteurs n'a qu'un point faible : c'est que jamais, aucun fasciste ne s'est fait du *führer-prinzip* cette conception extravagante. Le fascisme ne repose pas sur la contrainte, comme le croient la plupart de ses adversaires : il a pour objet de faire naître une volonté collective de discipline et les mécanismes de cette discipline relèvent d'un *style* qui varie d'un pays à l'autre. Le serment, à l'intérieur du fascisme, n'est donc pas un emprisonnement, encore moins une abdication des consciences. Il constate simplement un accord, il affirme solennellement cette volonté libre de servir et de se dévouer, il en est la consécration, pour ainsi dire, rituelle. Par le serment, le responsable fasciste et aussi le militant fasciste déclarent leur appartenance à une communauté qui travaille pour eux et ils déclarent en même temps leur volonté de lui apporter en échange toutes leurs forces et toute leur loyauté. Les limites de ce serment sont fixées par chaque conscience et la loyauté seule est imprescriptible. Nul n'est tenu d'être fasciste dans un pays fasciste. Ceux qui ont le malheur de se sentir hors de la communauté nationale, on ne leur demande rien d'autre que de ne pas entraver et de ne pas prendre part. Ils sont hors du serment comme ils sont hors du régime. Ils suivent avec leur vie privée, à leur pas, et selon leur mode, l'armée en marche à laquelle ils n'appartiennent pas. La persécution systématique des Juifs a été, a cet égard, une erreur d'Hitler, car elle est une mesure située hors du contrat fasciste. Il y a des *sans-parti* dans un régime fasciste, comme il y a des spectateurs sur le parcours d'un défilé. S'ils se tiennent tranquilles, pourquoi les ennuyer ? Bien plus, dans une nation fondée sur un serment librement prêté, *l'objection de conscience* devrait avoir son statut. Dans tout pays fasciste, il y aura toujours une minorité qui ne sera pas fasciste : un des objectifs politiques du fascisme est de rallier cette minorité en lui montrant les résultats du fascisme, mais ce ralliement ne se produit pas, une des préoccupations de l'État fasciste doit être d'établir des rapports normaux et stables entre ceux qui veulent participer à la marche en avant de la communauté nationale et ceux qui restent à l'écart.

Il est donc faux de voir dans le *führer-prinzip* une morale politique nouvelle qui change les rapports traditionnels des hommes entre eux. Le serment de servir avec loyauté et désintéressement ne contient rien qui n'ait existé déjà dans nos anciennes monarchies. Le *führer-prinzip* n'innove pas en doctrine : mais ce qui est inquiétant, c'est ce qu'il peut devenir dans la pratique, sous la pression de certaines circonstances dramatiques. Ce qui est inquiétant dans cette pratique du *führer-prinzip*, c'est le fait qu'*un seul homme* puisse prendre, sans consulter personne, des décisions graves, parfois dramatiques qui engagent dangereusement l'avenir d'une nation.

Je doute que cela se passe ainsi réellement. Il me semble que, même dans la *pratique* du national-socialisme, la plupart des décisions graves ont été étudiées en conseil. C'est dans le rétrécissement abusif de ce conseil que réside le danger. Et là, en effet, tout est dans la pratique du pouvoir et les régimes à direction collective peuvent aisément commettre la même faute. Ce qui est souhaitable dans la *pratique* de toute direction autoritaire, c'est que, dans les limites d'une même doctrine et d'une même volonté, des tendances diverses puissent être confrontées. Il n'est pas mauvais non plus que des personnalités différentes examinent les aspects d'une décision, l'analysent et la critiquent selon leur optique propre : à condition que, la décision une fois prise, chacun collabore loyalement et avec discipline à son application. Le régime national-socialiste a-t-il tiré sa force du *führer-prinzip* ou est-il mort de l'abus du *führer-prinzip* ? Il est difficile de décider cette question. Les risques de guerre qui furent pris successivement pour l'Anschluss, pour les Sudètes, pour la Pologne furent-ils pesés par Hitler seul ou par un groupe de dirigeants ? Une direction collective dans le même cas serait-elle plus sage ? Le reproche capital qu'on peut faire à Hitler, c'est d'avoir fourni l'occasion de la guerre. Si l'Allemagne avait été dirigée par un politbüro, la guerre eût-elle été évitée ? Qui peut le savoir ?

Et quand une nation est en pleine guerre, et dans une guerre si dramatique, si difficile, comment juger de la valeur d'un *principe*, alors que tout est dans le caractère des exécutants ? Assurément, on peut finalement être effaré des conditions dans lesquelles Hitler a conduit la guerre pendant les derniers mois de la résistance allemande. Cet homme épuisé, vieilli, abruti de piqûres, déplaçant sur ses cartes d'une main tremblante des bataillons dont il ne sait pas s'ils existent dans un terrain dont il ne sait pas comment il est fait, maître de tout, projetant dans les milliers de canaux de la nation allemande au combat le fluide de sa volonté sans que rien l'assure que ce corps énorme obéit à ses impulsions, confiant à un traître le fonctionnement capital des services secrets, remettant aveuglément à un lieutenant la responsabilité terrible des camps de concentration, trouvant moyen de tout commander dans le détail et d'abdiquer en même temps des secteurs immenses de son immense pouvoir, est-ce là l'image d'un chef calme, lucide et dominant avec souveraineté l'ensemble des tâches accablantes de la guerre ? Est-ce seulement l'image d'un généralissime que le fantôme de la défaite affole et paralyse et qui ne se souvient plus des lois du commandement ? Le *führer-prinzip* à ce moment-là tourne à vide, happe n'importe quoi, il n'est plus qu'un moteur grippé. Et c'est justement ce qu'on lui reproche, sa facilité à se gripper ainsi. Cet empereur hagard, si la folie l'enveloppe de ses voiles noirs, s'il devient Caligula ? Si ses ordres sont aberrants, impossibles à exécuter, s'il frappe aveuglément sans voir, sans entendre, les naseaux sanglants d'une nation fourbue ?

Je ne puis voir sans pitié, sur les images des dernières semaines cet Hitler, hâve, tendu, anxieux, son regard encore plein de lumière, dissimulant de sa main valide la main tremblotante, la main de vieillard qui le trahissait. Cette course au désespoir, ce suicide auquel il a mené l'Allemagne, quelle folie, quelle condamnation d'un système de gouvernement ! L'héroïsme est la vocation d'un homme ou d'un groupe d'hommes. Mais qui a le droit d'imposer cet honneur des guerriers aux mères, aux enfants, aux vieillards, aux infirmes nés de la guerre, à tous ces faibles qui sont aussi le peuple ? De quel droit leur dire qu'ils n'ont pas mérité de survivre, puisqu'ils n'ont pas été capables de vaincre ? Parole d'intellectuel, maxime de tragédien : un conducteur de peuple doit voir ce peuple qu'il conduit comme s'il était sa propre chair. L'application du *führer-prinzip* met en pleine lumière une des difficultés les plus graves du pouvoir. Commander, c'est d'abord écouter, c'est même ausculter. On ne peut commander sans prendre conscience de ses forces, comme le cerveau lorsqu'il commande au corps, même si l'on veut les outrepasser. Le chef d'un État doit percevoir constamment cette respiration de la nation. Tout l'art du gouvernement consiste à laisser cette respiration de la nation se faire librement : et par conséquent à tenir compte du freinage et des oppositions qui s'expriment ainsi, sans qu'ils puissent jamais devenir une menace pour le pouvoir. Le *führer-prinzip* ne tient pas compte de cette hygiène du pouvoir. Combiné avec le parti unique, il forme un couple qui détermine à lui seul le fonctionnement de toute la machine. Alors on n'entend plus rien, on ne sent plus rien. On finit par commander dans le vide à un pays qui obéit, en effet, comme une machine. Mais on ne sent plus les pulsations et l'euphorie, ou les crampes, la fatigue, enfin la vie même de la nation accordée à celui qui la conduit.

*

Laissons ces excès : le désespoir en inspire de semblables à toutes les religions en danger de mort. Qu'ils nous avertissent seulement d'un danger grave et permanent du fascisme : il est lié trop souvent à la santé d'un homme, à son équilibre intellectuel, à la sûreté de son jugement. Les cerveaux les mieux faits s'encrassent, les nerfs les plus fermes peuvent céder. Mais quel remède ? Dans toute crise grave, les nations sont toujours à la merci d'un homme. Et l'on ne peut que souhaiter que ceux qui reçoivent de tels pouvoirs sachent partager leur puissance et prendre conseil. Encore tout cela ne vaut-il que ce que vaut l'homme. Gamelin était un fort bon fonctionnaire. Il y a des jours où il faut accepter les inconvénients du génie.

Le fascisme sera toujours un pari. Mais la vertu du fascisme est dans cette confiance de toute la nation en un homme dans lequel elle se reconnaît. Le principe de discipline du fascisme, loin de le regretter et de le renier, nous devons donc, au contraire, le proclamer comme une des lois les plus nécessaires des temps modernes. Nos nations d'Europe meurent de la maladie de la discussion et de la défiance, de l'esprit de dénigrement qui s'est installé dans la pratique de la vie parlementaire. Le civisme n'est plus dès lors qu'une obéissance réticente et souvent purement formelle à la volonté provisoire d'une majorité fragile. Ces régimes où tout le monde louvoie, évite les responsabilités, écoute sa Loge, sa conscience, suppute, spécule, se réfère, ils rendent hommage eux-mêmes au fascisme dans leurs moments de crise en conviant le pays à suivre aveuglément pendant un temps quelque providentiel sauveur. Mais quel coup de baguette transformera un marécage en terrain solide ? Le principe de l'obéissance et le respect du serment restituent à la loyauté sa place naturelle dans la cité. Une nation n'est saine que si chacun s'y regarde comme un homme et s'y conduit comme un homme, non regardant derrière soi, ni prenant le vent, ni rongé de peur, ni jaune d'ambition, non tendant la bouche à la gourmette de quelque trahison, mais fidèle à sa parole d'homme, à l'engagement avec lequel il est entré dans la vie, à la promesse faite non seulement à celui qui guide et dans lequel on le reconnaît, mais à travers lui à tous les camarades de travail et de combat. Telle est l'image à travers laquelle le fascisme voit les rapports de celui qui obéit à celui qui commande. Et il n'y a pas de raison que nous renoncions à cette image.

*

Quant aux résultats du national-socialisme, nous n'avons à nous en préoccuper que dans la mesure où ils se rapportent au fonctionnement du fascisme. Cette mobilisation de la nation a fait de l'Allemagne, en quelques années, le plus puissant des pays d'Europe. L'économie planifiée et autoritaire a transformé son industrie, son niveau de vie, son équipement. Elle a su remplacer par des produits synthétiques les matières premières qui lui manquaient, elle a donnée en quelques années à la science et à la technique allemande le premier rang dans le monde. Dans la course à la puissance, elle a écrasé les économies libres et anarchiques des démocraties européennes. Si elle n'a pas su réaliser véritablement un « socialisme national », elle a donné, du moins, à ceux qui travaillaient l'impression qu'ils étaient défendus par le régime et que le règne immoral et insolent des ploutocrates avait pris fin. Elle a rassemblé la jeunesse autour du régime et lui a donné un espoir et une volonté. L'Allemagne vaincue, boueuse, bedonnante de Weimar, elle en a fait un jeune dieu. Le fascisme allemand fut pour la nation la santé, la jeunesse, la vie. Tout ce qui venait de cette Allemagne, toute parole, tout symbole, tout essaim, tout ce qui passait dans le ciel de cette Allemagne, tout ce qui venait sur la terre de cette Allemagne parlait de courage, de volonté, d'énergie. Ceux qui n'ont pas connu ce printemps de l'Europe ne savent pas ce que nous voulons dire en parlant d'Europe. Et quelle force, quelle sève, quel renouvellement jaillirent alors de cette terre du bout du monde qu'on croyait usée. Et nous ne pouvons pas oublier, quelqu'amertume que nous en ayons ressentie, la grandeur et l'héroïsme de cette lutte sauvage soutenue contre le monde entier. Le fascisme nous montra alors ce que peut représenter sa puissance, quel levier il serait au service de la civilisation. Et l'on ne peut songer sans désespoir qu'il y a si peu d'années, l'Europe était une île imprenable, un récif sur lequel les invasions impuissantes se brisaient. Le fascisme a tiré tout cela de cette seule mobilisation des énergies, c'est-à-dire de sa vertu même, de sa bonne définition. On peut mesurer aujourd'hui ce que signifie sa disparition.

Je ne sais si l'on s'attend que je parle ici des crimes qu'on reproche à l'Allemagne. Le fascisme n'a pas à les prendre à son compte. Aucun lien logique, nécessaire, automatique ne relie le fascisme au racisme : je me suis expliqué là-dessus plus haut. Le fascisme, en tant que système politique, n'est pas plus responsable de la politique d'extermination des Juifs que la physique nucléaire, en tant que théorie scientifique, n'est responsable de la destruction de Hiroshima. Nous n'avons donc pas à en charger notre conscience. Et nous devons même combattre la propagande essentiellement politique qui assimile le fascisme et l'antisémitisme systématique. Ce qui s'est passé pendant ces années témoigne surtout du caractère atroce des guerres modernes, puisque les crimes des démocraties, bien qu'ils aient eu un caractère différent, n'ont pas été moins graves que ceux qu'elles ont dénoncés. Retenons de cette tragique expérience que le fascisme, comme tous les régimes qui disposent sans contrôle d'immenses pouvoirs, est exposé particulièrement à des erreurs et à des excès. Ce danger est d'autant plus grave que la structure politique des régimes fascistes permet de cacher ces erreurs et ces excès à l'opinion. C'est donc un devoir étroit de ceux qui sont à la tête de tels régimes que de se convaincre qu'aucune représaille, aucune vengeance, aucune accusation ne légitime l'emploi de certaines méthodes. Une des principales qualités de ceux qui prétendent conduire les peuples est de ne pas perdre leur sang-froid là où les hommes ordinaires le perdent. Cette obligation n'est pas moins importante dans l'application de la répression que dans la conduite des affaires. Ne nous laissons pas prendre à cette idée de nos adversaires que le fascisme, étant un régime de discipline, est nécessairement un régime de contrainte. Il n'y a aucune vérité dans cette proposition. Les régimes fascistes retirent à bon droit à certains groupements financiers l'usurpation des monopoles qu'ils ont institués grâce à leurs milliards pour contrôler l'opinion et imposer leur volonté à l'État. Il y a un alcoolisme moral des démocraties qui explique la dégénérescence de nos pays et il y a des *bouilleurs de cru* et des *marchands d'alcool* qui vivent et qui prospèrent de cet empoisonnement national : les combattre est une tâche précise, limitée, qu'on peut entreprendre sans rien retirer d'essentiel à la véritable liberté. Cette règle qu'il ne doit pas y avoir d'entreprise contre l'État est si essentielle à la santé et au respect de la nation qu'elle fut l'objet d'une des premières lois qu'édicta la Convention. Cette règle peut être observée sans qu'on restreigne en rien la liberté individuelle, que le fascisme doit garantir, nous l'avons dit plus haut, même à ses adversaires. Le fascisme doit être uni dans notre pensée à une idée dont il a été trop longtemps séparé, celle de la tolérance. Cette tolérance, les régimes qui sont forts et qui sont sûrs de l'appui de la nation, peuvent la pratiquer mieux encore que les autres. Les adversaires du fascisme ne doivent pas pouvoir s'organiser, car les intérêts particuliers n'ont pas plus le droit de mobiliser les consciences que les troupes : mais ils doivent pouvoir se dire ouvertement les adversaires du régime. L'énergie n'exclut pas la modération. La force est d'autant plus calme qu'elle est plus sûre d'elle-même. Gardons cette pensée présente à l'esprit. Il peut exister des fascismes modérés.

III - FASCISME ET FRANQUISME

Il y a enfin deux expériences politiques qu'on ne peut passer sous silence en raison de l'usage qu'en font les anti-fascistes, mais qui répondent fort peu l'une et l'autre à l'image que les fascistes se font d'un régime de ce nom : c'est le régime franquiste en Espagne et le régime de Vichy.

Il est inutile de nier que l'Espagne de Franco ne soit chère à tous ceux qui se déclarent fascistes. Mais cet attachement est tout sentimental. L'Espagne a reçu tous les coups. Elle a été un enjeu. Pas seulement cela. La guerre d'Espagne fut un drame auquel tout le monde participa. Les moments d'angoisse, les épisodes héroïques, les passages atroces n'étaient pas ceux de l'Espagne seule, ils appartenaient à tous. La figure la plus pure, la plus émouvante de l'histoire du fascisme espagnol, fut un symbole, elle reste un symbole, non seulement pour l'Espagne, mais pour la jeunesse fasciste du monde entier. Les sacrifices et la légende furent des deux côtés. Pour les adversaires du fascisme eux-mêmes leurs campagnes dans la guerre d'Espagne représentent tout autant à leurs yeux que leur action dans la résistance. C'est d'ailleurs en fonction de la guerre d'Espagne que naquit l'antifascisme. C'est à ce moment que se forma la carte politique du monde moderne : c'est de là que datent les sympathies, les alliances, les clivages, les vingt années qui suivent ne firent que les accentuer, elles n'y apportèrent aucun changement essentiel. L'histoire de la guerre d'Espagne dessine avec netteté le prisme des forces diverses qu'on trouva réunies dans le camp « fasciste » et elle étale de même le spectre des colorations politiques diverses qui composèrent « l'antifascisme ». Elle est une leçon d'anatomie. Mais pour beaucoup elle fut aussi une révélation. Précisément parce qu'on vit clair, parce que cette guerre fut purement idéologique, elle donna aux *fascistes* une idée beaucoup plus nette de leurs aspirations, et aussi des dangers auxquels le *fascisme* est exposé lorsque le *camp fasciste* est vainqueur.

Car le *camp fasciste* comprenait en Espagne beaucoup de gens qui n'étaient nullement *fascistes* en réalité. Les *requêtes* de Navarre qui fournirent dans les premiers jours les troupes les plus solides du *Soulèvement* étaient les carlistes, c'est-à-dire essentiellement des monarchistes traditionalistes. L'armée qui déclencha le coup d'État n'avait pas de pensée politique précise : elle prit le pouvoir pour empêcher l'installation du communisme en Espagne, c'est-à-dire pour faire face à un danger urgent. Elle n'avait même pas de chef désigné d'avance : le chef du mouvement insurrectionnel était Sanjurjo qui se tua ou fut tué quelques heures avant le soulèvement, le général Franco fut placé à la tête des forces nationalistes plusieurs jours après le début de l'insurrection au cours d'un conseil tenu par les autres généraux. Calvo Sotelo, chef de l'opposition au front populaire, était un théoricien de droite, de tendances monarchistes qui ne répond guère à l'idée qu'on se fait d'un agitateur fasciste. Les hommes groupés autour de son nom appartenaient à une droite traditionnelle opposée à l'anarchie du front populaire et aux perspectives de dictature communiste. Les

« messieurs » qui furent fusillés par douzaines, sans autre forme de procès, dans les régions qui se trouvèrent sous le contrôle des « rouges » furent massacrés essentiellement parce qu'ils avaient contracté la vilaine habitude de fumer leurs cigares sur des fauteuils à partir de 5 heures du soir dans le plus beau café de la ville, affirmant par là avec insolence qu'ils appartenaient à une classe privilégiée. Ce trait de mœurs, qui souvent leur tenait lieu de toute idée politique, ne les rapproche pas spécialement des SÀ de Roehm et des combattants de la Marche sur Rome. Les curés et les bonnes-sœurs, qui furent aussi lestement expédiés, n'en savaient pas plus long qu'eux sur le fascisme. Ces massacres des premiers jours décidèrent, toutefois, de la composition des troupes franquistes : la bourgeoisie et le clergé n'avaient pas le choix, ils furent dans le *camp fasciste*, parce que cela valait mieux que d'être emprisonné ou étripé. Quant aux évêques et aux dignitaires du clergé, ils jouèrent la combinaison bien connue du sabre et du goupillon qui nous ramène politiquement au temps du Président Loubet et à la jeunesse d'Alphonse XIII : on ne peut les considérer non plus comme un élément typiquement fasciste. Ajoutons qu'eux aussi n'avaient pas le choix : la crise de conscience des catholiques commença seulement quelques mois plus tard chez des chrétiens qu'une bonne frontière séparait des escouades de *pistoleros*.

Les seuls *fascistes* véritables pendant la guerre d'Espagne furent les phalangistes. Et, résultat qui met en évidence le caractère *symbolique* de la guerre d'Espagne, le seul doctrinaire dont les *fascistes* d'après-guerre admettent les idées à peu près sans restrictions, ce n'est ni Hitler, ni Mussolini, mais le jeune chef de la Phalange que son destin tragique fit échapper à l'amertume du pouvoir et aux compromissions de la guerre. Le choix de ce héros n'est pas purement sentimental. Il révèle tout ce qu'il y a d'*idéaliste* dans le mythe fasciste. Et il contient aussi un aveu : les fascistes préfèrent leurs martyrs à leurs ministres. Comme tout le monde.

Ce choix comporte une autre originalité, en général fort peu connue. C'est que José-Antonio Primo de Rivera n'a jamais manqué une occasion de dire qu'il n'était pas *fasciste*, au sens où les Italiens et les Allemands entendent ce mot. Il voyait dans le phalangisme un mouvement propre à l'Espagne qui avait certains principes communs avec le fascisme italien et le national-socialisme allemand, mais qui n'en avait ni les méthodes ni l'esprit. Malgré ces restrictions, c'est lui pourtant qui a défini avec le plus de force ce fonds commun que les autres expériences ont altéré et qui constituent l'essentiel de ce que les survivants du fascisme appelèrent le *fascisme*.

Le phalangisme a pour point de départ une protestation contre la cruauté et l'hypocrisie du monde moderne. Cette constatation ne s'applique pas aux métallurgistes et aux ouvriers qualifiés de la région parisienne, c'est entendu. Mais tout le monde n'est pas métallurgiste ou ouvrier qualifié et tout le monde a besoin de gagner sa vie, ce qui soumet chacun à la loi implacable de l'offre et de la demande, piston essentiel de l'économie capitaliste que la démocratie renforce en lui reconnaissant un caractère intangible et sacré.

L'ouvrier, le petit salarié, constatait la Phalange, sont devenus des parias, leur existence sans idéal et sans foi consiste à répéter quotidiennement la même besogne au profit des autres, comme les rouages anonymes d'une immense machine. On leur dit qu'ils sont libres : mais leur liberté n'a d'autre effet que les amener à accepter les contrats de louage que d'autres hommes plus riches qu'eux sont libres également de leur proposer sans que personne se soucie de savoir si ces contrats sont justes et humains.

Certaines de ces condamnations, que nous allons exposer, peuvent paraître aujourd'hui exagérées. Elles ne l'étaient pas, il y a vingt-cinq ans, dans un pays pauvre. Elles restent vraies encore maintenant en bien des pays. Et surtout, elles restent vraies, dans la mesure où elles dénoncent une situation que la prospérité matérielle estompe sans la faire disparaître et un égoïsme, une indifférence qui restent le propre de la démocratie capitaliste. Voici donc ce que disait, à la veille de la guerre d'Espagne, José-Antonio Primo de Rivera.

L'État assiste impuissant à cette exploitation des faibles par les plus forts qui amène une dégradation de la nation : car l'État démocratique n'a pas d'autre fonction que d'assister à ce qui se passe et de compter les coups en s'assurant seulement qu'ils sont joués conformément à une certaine règle. Il ne dirige pas le destin de la nation, il contemple le développement des forces de destruction et attend paisiblement qu'elles aient achevé de détruire la nation et la démocratie elle-même, satisfait seulement de constater que tout se passe selon une procédure réglementaire.

C'est ce processus de destruction que le phalangisme veut arrêter, en confiant un autre rôle à l'État et en cherchant un autre destin pour l'individu. Pour le phalangisme, la patrie se définit comme l'ensemble des hommes qui ont par leur naissance le même destin. Chaque patrie a donc une mission historique ou morale à accomplir. L'État a pour tâche de réaliser ce destin national. C'est là sa justification et il n'en a pas d'autre. Tout État *a quelque chose à faire*, tout État *a quelque chose en quoi il croit* : et il n'a le droit d'exiger du peuple des sacrifices et même simplement l'obéissance qu'au nom de ce principe, pareil à une foi, qu'il incarne et au nom de la mission qu'il s'est donnée. Tout État qui ne s'identifie pas à un destin de la nation, à cette mission qui est la patrie elle-même, n'est qu'un État tyrannique et non la représentation et le guide de la nation. Ce sentiment absolu de ce qu'on veut est comme la conscience de la nation : il est aussi ce qui unit le peuple et chaque individu : « ce sentiment absolu, clair dans l'âme, nous dit en toute conjoncture ce que nous devons faire et ce que nous devons préférer. » Et il donne aussi un sens à chaque vie individuelle. Chaque homme réalise son propre destin en participant au destin de la nation. Sa tâche est transformée parce qu'il est *au service* de la nation, comme le soldat, comme le prêtre sont *au service* de la patrie et de la religion. Cette volonté de *servir* transforme non seulement l'essence du travail accompli chaque jour, mais l'homme lui-même. Car le *seigneur* est précisément celui qui est capable de « renoncer » pour « servir ». Qui engage sa vie dans cette vocation du *service* appartient par cela même à la *noblesse* de son temps, car la noblesse n'a pas été autre chose dans tous les temps que l'ordre de ceux qui acceptent les servitudes et les exigences de la vocation de servir. Cette notion fondamentale ne résout donc pas seulement l'antagonisme qui oppose l'individu à l'État, elle donne un *contenu* à chaque vie humaine, pareil à celui de la vie du soldat et du prêtre, ce que José-Antonio appelle « le sens ascétique et militaire de la vie. »

Il est bien évident que l'État qui accepte une si haute mission ne peut plus tolérer que sous le nom de *libéralisme* se perpétuent le développement de l'égoïsme et de l'avidité et l'exploitation du travailleur par le capitalisme. Les pages de doctrine de José-Antonio sont catégoriques à cet égard. Il condamne en même temps, comme des maux inséparables ou plutôt comme les deux faces de la même fausse monnaie, le libéralisme et le capitalisme. « Le libéralisme, tout en rédigeant sur le papier de merveilleuses déclarations de droits que personne ne lisait, entre autres causes parce qu'on n'enseignait pas au peuple à lire, le libéralisme nous faisait assister au spectacle le plus inhumain qu'on eût jamais vu : dans les plus belles cités d'Europe, dans les capitales des États aux institutions les plus libres, des êtres humains, nos frères, livrés à la misère, à la tuberculose, à l'anémie des enfants affamés, s'entassaient dans des maisons noires ou rouges, effrayantes, immondes, où ils pouvaient remâcher amèrement le spectacle de s'entendre proclamer libres, voire souverains ». Il revient vingt fois sur ce thème. L'injustice et l'indifférence du capitalisme devant le monde qu'il a créé sont pour lui une perpétuelle source d'indignation et de violence. « Oui, le socialisme devait naître et sa naissance fut justifiée... » Et il dénonce ceux qu'il appelle les parasites, les banquiers usuriers, les grands propriétaires, les administrateurs des grandes compagnies, les porteurs d'actions libérées, grassement payés pour leurs intrigues et leurs marchandages. « Les ouvriers sont le sang et la terre d'Espagne. Ils font partie de nous. Tous ceux qui vous regardent avec des yeux mauvais quand vous lisez votre journal, ils sont une partie même de notre Phalange. »

Et tout cela chez José-Antonio n'est pas seulement révolte sentimentale et colère contre les « convives oisifs de la vie », les « invités non payants », comme il dit, dont il ne veut plus dans l'ordre nouveau qu'il veut construire, c'est doctrine aussi et principe de son système national. « Le capitalisme libéral débouche obligatoirement dans le communisme, constate-t-il, et il n'y a qu'une manière profonde et sincère d'éviter l'avènement du communisme, c'est d'avoir le courage de détruire le capitalisme, de le détruire avec l'aide de ceux-là mêmes qu'il favorise. » Et ailleurs, constatant que le capitalisme n'est pas la propriété privée, qu'il en est même tout le contraire et qu'il a eu en réalité pour résultat « d'anéantir presque complètement la propriété privée dans ses formes traditionnelles », il conclut en caractérisant le capital comme un instrument économique qui doit être au service de la nation et non de quelques-uns : « Les réservoirs de capital sont comme les réservoirs d'eau, ils n'ont pas été faits pour que quelques privilégiés organisent des régates à leur surface, mais pour régulariser le cours des rivières et faire tourner les turbines des barrages. »

Ce socialisme dirigiste va plus loin qu'on ne l'imagine généralement. Beaucoup s'imaginent que José-Antonio est violemment anti-marxiste. C'est une erreur. L'analyse économique de Marx lui paraît, au contraire, très juste. Il prétend seulement qu'il *dépend de nous* que ses prophéties ne s'accomplissent pas. « Une figure à la fois repoussante et fascinante, celle de Karl Marx, plane sur le spectacle de la crise du capitalisme. À l'heure actuelle, partout, les uns se proclament marxistes, les autres anti-marxistes. Je vous le demande, et c'est un vigoureux examen de conscience que je formule : « Qu'est-ce que cela veut dire : être anti-marxiste ? Cela veut-il dire qu'on ne désire pas l'accomplissement des prédictions de Karl Marx ? Alors nous sommes tous d'accord. Cela veut-il dire que Karl Marx s'est trompé ? Alors ce sont ceux qui l'accusent d'erreur qui se trompent. »

Les objections de José-Antonio contre le socialisme ne portent pas sur l'analyse des faits, mais sur des principes philosophiques étrangers à l'analyse économique. « Le socialisme qui était une réaction légitime contre l'esclavage libéral, s'est dévoyé parce qu'il a adopté, *primo*, l'interprétation matérialiste de la vie et de l'histoire, *secundo*, une attitude de représailles, *tertio*, la proclamation du dogme de la lutte des classes. » Le *pharaonisme* auquel aboutit le libéralisme économique, le socialisme le voit bien et le combat à juste titre dans sa critique du libéralisme, mais il le réintroduit par esprit de vengeance dans la société socialiste dont il fait une autre terre d'esclavage. « Le socialisme, qui représentait une critique justifiée du libéralisme économique, nous a apporté, par les mêmes chemins, les mêmes résultats que celui-ci, la désagrégation, la haine, la séparation et l'oubli de tous les liens de fraternité et de solidarité qui unissent les hommes... Si la révolution socialiste n'était pas autre chose que l'implantation d'un nouvel ordre économique, nous ne serions pas effrayés. Mais la vérité est que la révolution socialiste est quelque chose de beaucoup plus profond. C'est le triomphe du *sens matérialiste de la vie et de l'histoire*. C'est la substitution violente de l'irréligiosité à la religion, le remplacement de la Patrie par la classe fermée et haineuse, le groupement des hommes par classes et non le groupement des hommes de toutes les classes au sein d'une Patrie commune à tous, c'est la substitution à la liberté individuelle de la sujétion à un État de fer, qui, non seulement réglemente notre travail comme dans une fourmilière, mais encore et tout aussi implacablement, notre repos. » Je trouve moins frappante une dernière citation que je fais seulement parce qu'elle est caractéristique de la position phalangiste. « Il nous fait horreur, comme à tout Occidental, à tout Chrétien, à tout

Européen, patron ou prolétaire, de n'être plus qu'un être inférieur dans une fourmilière. Et cela nous fait horreur parce que nous en savons quelque chose par le capitalisme, qui nous convertit, lui aussi, en une foule grégaire, et qui, lui aussi, est international et matérialiste. C'est pour cela que nous ne voulons ni de l'un ni de l'autre. C'est pour cela que nous voulons éviter l'accomplissement des prophéties de Karl Marx. Mais nous le voulons résolument et non pas à la façon de ces partis anti-marxistes qui croient que l'accomplissement inexorable des lois économiques et historiques peut s'atténuer en donnant aux ouvriers quelques bonnes paroles avec quelques petits tricots pour leurs enfants. »

On peut se demander ce que serait devenu cet *ange de l'école* s'il avait vécu dans l'Espagne franquiste. Aurait-il réussi à changer le cours des choses ? Dans l'Espagne ruinée et assiégée de 1940, aurait-il réussi à faire passer le vent brûlant du socialisme comme un cyclone régénérateur ? Et avec quoi ? Sur ce pays exsangue, qu'aurait donné cette chirurgie ? On imagine mal les héros devenus administrateurs... Pour que José-Antonio fût cette figure illustre que nous montre le *rêve fasciste*, il fallait sans doute qu'il n'entrât jamais, lui aussi, dans la Terre Promise, où commencent les partages, les règlements, les arbitrages et les mécontentements.

L'Espagne de Franco est-elle fasciste ? Est-ce la peine de poser la question ? Le gouvernement espagnol ne revendique pas cette épithète et nous n'avons aucune raison de la lui conférer. L'Espagne sortit exsangue de la guerre civile et la guerre mondiale commença aussitôt. Après cette guerre, l'Espagne fut mise en quarantaine, elle fut longtemps plongée dans une savante disette. Depuis peu d'années seulement, elle dispose des moyens de s'approvisionner et de s'équiper. Seule, sourde aux bruits du monde sur sa presqu'île, l'Espagne a passé vingt ans à vivre, penchée comme les pauvres sur ses paniers. Peut-être étaient-ce là, précisément, les conditions pour créer un socialisme national. L'Eglise dit qu'il y a une *éminente dignité* chez les pauvres : en politique aussi, il y a une grandeur et une puissance dans la pauvreté. Sparte était une terre pierreuse. Cette Espagne socialiste, cette Espagne pauvre, cette Espagne seule, quelle leçon n'eût-elle pas donné au monde ! Mais Franco n'appartenait pas à cette race des prophètes dont le charbon de Dieu a touché les lèvres. Il voulut être seulement le médecin sage et prudent de ce peuple exsangue, avec des méthodes sages et prudentes, les méthodes de la Faculté. Et son gouvernement fut comme une honnête et sérieuse gérance du dépôt qui lui avait été remis, avec une répartition de la puissance entre les porteurs d'actions du Soulèvement National, l'armée, le clergé, les traditionalistes, la Phalange. L'Espagne d'aujourd'hui, c'est cette société anonyme. La Phalange n'y est pas frustrée, elle a pu réaliser des réformes, obtenir des résultats, mais elle n'a que sa part et elle ne peut empiéter sur la part des autres, qui est grande : ce partage interdit tout socialisme, car il n'y a pas de socialisme partiel, il n'y a pas de justice partielle.

Cette gérance franquiste de l'Espagne depuis vingt-cinq ans, comment ne pas lui rendre hommage ? Elle a maintenu l'Espagne à l'écart des guerres qui nous ont déchirés. Elle a fait oublier peu à peu les haines et les souffrances de la lutte fratricide. Et elle a donné à l'Espagne, malgré la puissance de ses adversaires idéologiques, un rang, une autorité, un visage de sagesse et de calme, une fermeté dans l'application des principes qu'on ne lui avait pas connus depuis bien longtemps. Ces régimes de gérance qui s'accommodent du train des choses, ils contiennent une leçon a laquelle les théoriciens n'accordent peut-être pas assez d'importance : c'est qu'il y a un type de gouvernement moderne qui n'est pas autre chose que cette pure gérance, et qui se répand de plus en plus. Avec plus ou moins d'hypocrisie démocratique, c'est le gouvernement de Valera en Irlande, celui d'Adenauer en Allemagne, c'est celui que de Gaulle voulait instituer en France, et qui exige plus de qualités qu'on ne croit chez celui qui gouverne, puisqu'il y a si complètement échoué. Il est facile aux intellectuels de gauche, tout en faisant les exceptions les plus arbitraires, de taxer ces régimes de *fascisme* : la presse et les politiciens de gauche veulent dire simplement par là que ce sont des gouvernements qu'on ne peut renverser par une simple crise ministérielle, en quoi ils font consister toute la démocratie. Le fascisme n'est pas seulement cela et nous aurons à revenir plus loin sur les enseignements que contient cette fausse définition du fascisme. Disons seulement pour l'instant que ces gouvernements de gérance sont des freins utiles, mais ne sont rien d'autre. Ils pourraient convenir à un monde stable, parfois ils ne manquent pas de sagesse et de courage : mais dans notre monde parcouru de courants et agité de puissantes ondes invisibles, qu'opposent-ils au frémissement souterrain ? Tous les hommes sont mortels, et s'ils ne laissent pas une *mystique* après eux, que devient leur œuvre plus tard, que devient leur pays ?

*

Un autre pseudo-fascisme, assez apparenté au franquisme, n'a pas peu contribué à favoriser les confusions, c'est celui du régime de Vichy. C'était, par définition, un régime de gérance, qui avait le droit de s'excuser, en outre, sur les circonstances, d'être contraint de restreindre les libertés. Maintenant que les passions commencent à s'apaiser, on convient que cette gérance fut courageuse et utile : mais ce que les adversaires du régime de Vichy persistent à lui reprocher, c'est précisément de n'avoir pas été une simple gérance et d'avoir prétendu incarner une morale et un style de vie.

Et c'est bien par là, en effet, que Vichy est de notre gibier. Il est bien vrai que l'*État Français* ne fut pas une simple gérance. Mais la devise de Vichy n'en fait pas pour autant un des hauts-lieux du fascisme. Combattre la démagogie, la facilité, l'esprit de jouissance n'est que la partie négative du fascisme, celle qui est commune au fascisme et à d'autres doctrines qui ont analysé correctement l'esprit démocratique et qui en souhaitent la disparition. On n'est pas fasciste par le seul fait qu'on réclame la disparition de la comédie parlementaire. J'approuve aussi ces vertus que le régime de Vichy recommandait, l'épargne, le travail, la patience, vertus paysannes, vertus sérieuses. Ce sont les vertus de la sagesse et de la santé. Et elles ne valent pas seulement par le *sérieux* qu'elles mettent dans la vie nationale, mais encore par ce qu'elles repoussent et excluent : le clinquant, la publicité, la vanité tapageuse, la spéculation, enflure et parade du monde moderne, qui déguisent mal la prostitution et le dessein de vivre du travail d'autrui. Ces vertus robustes sont le fond de la tapisserie antidémocratique. Elles font partie du fascisme comme le refus du marchandage parlementaire et de toutes les autres formes de la bassesse et de la tricherie. Mais elles ne sont pas davantage le propre du fascisme. Ce sont, en réalité, les vertus mêmes du nationalisme. Et toute doctrine fondée sur le respect de la nation et le refus de l'hypocrisie moderne peut aussi les revendiquer. On n'est pas fasciste par le seul fait qu'on aime l'honnêteté.

Le patriotisme même du régime de Vichy, par ce qu'il avait de sentimental et de « déroulèdien » ne me satisfait pas davantage. Il était touchant dans une nation blessée, mais en retard d'une guerre et d'un siècle. Nos patries ont malheureusement des préoccupations plus tragiques que celles que symbolisent les coiffes en papillons des jeunes alsaciennes. L'intégrité du territoire ne représente plus de nos jours que l'apparence de l'indépendance nationale. C'est par les forces qui se sont installées sur notre propre sol que notre vie et notre liberté sont menacées, par les forces invisibles du capitalisme international ou par les bataillons invisibles de la guerre subversive. Et le fascisme consiste même essentiellement à sentir et à vivre ce double combat.

Or, ce *radicalisme* fut tout à fait étranger à l'esprit de l'*État Français*. La première proclamation de tout *socialisme national*, c'est qu'il n'est point de privilège, point de puissance, point de propriété même qu'on puisse opposer à la nation. Les bonnes paroles ne suffisent pas en cette affaire. Il faut un arbitraire parfois brutal pour imposer les droits de la nation et les nécessités de la justice sociale. Sur ce point capital, on peut dire que par ses méthodes, par ses hommes, par ses tendances, le régime de Vichy fut à l'opposé de ce que nous appelons le fascisme. Ce fut une des raisons principales de ses démêlés avec la presse de Paris. À ceux qui souhaitaient réellement une *révolution nationale* établie sur les principes du fascisme, le régime de l'*État Français* donnait l'impression de les ramener à la république autoritaire du maréchal de Mac-Mahon. Et, à la vérité, malgré toute l'estime que nous avons pour les hommes qui gouvernèrent la France en ces années dramatiques, nous ne pouvons guère penser autrement qu'eux sur ce point.

La devise même de l'*État Français*, si sage, si patriarcale, si rassurante, je ne peux pas m'empêcher d'y voir une sorte de *tranquillisant* d'une nature un peu suspecte. *Travail, Famille, Patrie*, on ne m'enlèvera pas de l'idée que c'est une devise pour la Suisse. Avec tout ce que comporte la Suisse, ses vertus et aussi son hypocrisie, ses pâturages et ses pasteurs, et aussi les beaux buildings de ses banques discrètes. Une nation de pères de famille, en somme. J'aime bien les pères de famille : et cependant cette race pacifique des pères de famille, ce troupeau estimable et pacifique, ce n'est pas trop sur lui que je compte pour accoler ces vierges vigoureuses que j'aime : l'énergie, la justice, la foi.

Cette devise de l'*État Français*, elle a le malheur de rejoindre par des voies et des expressions détournées, l'habituel dessein d'émasculation du monde moderne. *Travail* : soumission aux riches. *Famille* : soumission à la morale. *Patrie* : soumission au gendarme. Il n'est question que d'obéir là-dedans. Je ne me sens pas si obéissant. L'homme que rêve le fascisme est jeune et il est d'abord soldat. C'est entendu, il veut bien être père de famille, et il sera un jour père de famille, et il épousera vos filles devant le maire et le curé, c'est promis : mais ce n'est pas sur ce moment replet de la carrière de l'homme que le fascisme fait porter la lumière. Avant cela, avant le temps où il s'endormira à sa place dans l'honnête troupeau des pères, nous voulons que l'homme soit un homme et qu'il ait les qualités de l'homme, les qualités nobles, les qualités animales de l'homme : le courage, la générosité, le respect de la parole donnée, la fidélité d'homme à homme, le besoin de la discipline et de la foi. Ce bel animal humain, bien sûr, je comprends qu'il fasse peur à ceux qui possèdent. Car ceux qui possèdent, possèdent quoi ? Des signes, des marques, des jetons, boutons de culotte symboles de la puissance. Et quand une race enfin s'élèvera qui ne voudra plus compter que ce qui compte, le travail, l'énergie, le courage, la foi, que vaudront-ils ces petits vieux rassembleurs de chiffons de papier, empereurs des empires du vent ?

Aucun temps n'a jamais reposé autant que le nôtre sur le consentement de l'imagination. Le fascisme respire cet air pur d'un monde d'après le déluge qui ne veut connaître que ce qui est. À la vérité, l'homme, tel que le conçoivent les fascistes, est un jeune sauvage qui ne croit qu'aux qualités dont on a besoin dans la brousse ou sur la banquise : il récuse la civilisation. Car il ne voit en elle qu'hypocrisie et imposture. Il croit aux pionniers, aux constructeurs, aux guerriers de la tribu. Il croit à la morale qu'il s'est faite, qu'il a éprouvée et trouvée tutélaire dans les relations des hommes avec les hommes : laquelle comprend la loyauté, qui permet le sommeil et assure l'avenir, la protection des faibles, l'engagement d'être présent à sa place au combat, et aussi à sa place au conseil et au travail. Ils estiment les hommes pour ce qu'ils sont et non au nombre des plumes qu'ils portent sur la tête. L'affection, le dévouement, le sacrifice, ce sont les trésors qu'ils portent en eux et ils les offrent joyeusement comme la jeunesse offre ses forces, par joie pure de s'en servir, mais pour ce qu'ils aiment ou pour ce qu'ils admirent. Et les vertus qui sont écrites dans les catéchismes, ils les portent quelquefois aussi, en choisissant, comme des bijoux dont on s'orne, et simplement parce qu'elles sont belles et qu'ils se plaisent ainsi ou plaisent à ceux qu'ils aiment, mais non pour satisfaire M. l'Instituteur ou M. le Curé. Encore moins pour servir cette vieille usurière rusée qu'on appelle la Société — ou d'autres fois l'humanité, la personne humaine, nos semblables, etc... Vous avez craint les fascistes à cause de leurs casques. Ils n'ont plus de casques, les fascistes. Mais ils ont un œil clair qui n'est pas plus rassurant. Les gens qui voient clair, c'est toujours inquiétant. C'est très différent, en tous cas, il est à peine besoin de le dire, des chasseurs à pied, vétérans ou recrues, dont le régime de Vichy était si fier, gardes-champêtres bénévoles de la morale nationale, dont l'honnêteté, le civisme, le désintéressement et le zèle furent récompensés de la manière qu'on sait.

J'ai fait ce que j'avais promis. Dans un monde qui n'offre nulle part de solution ni d'espoir des milliers d'hommes se trouvent aujourd'hui attirés par cette image vague qu'on appelle le *fascisme* et ils contemplent avec perplexité ses étendards en lambeaux. Qu'était-ce donc, se disent-ils, que cet été torride dans lequel les légions légendaires marchaient ? Quels mirages se sont levés devant ces combattants du désert dont le nom est maudit ? Ils pensent à ces palais étranges que les terrasses toutes proches de notre passé nous montrent : dans notre monde sans couleur, les colonnes de ces palais leur paraissent gigantesques et les dieux assis sur le devant des temples leur semblent disposer de secrets inconnus. Ils regardent, ces jeunes hommes au regard neuf qui sont venus après nous : ils regardent, et, à ce moment-là, ils voient se dresser les fantômes qui crient dans ces ruines, des chauves-souris immondes qui passent dans la nuit et des figures d'enchanteresses qui changent en pourceau le voyageur qui s'attarde.

Qu'il nous donne la main, ce commandant de Saint-Marc,

qui disait : — « Jurez-moi que votre révolte n'est pas un mouvement fasciste. » Qu'il nous donne la main et qu'il marche. Qu'il avance, et les fantômes s'évanouiront. On l'aidera à briser les orties monstrueuses qui ont poussé dans la demeure du dieu. Les unes ne sont que supercheries. Elles sont pareilles à ces sirènes dont les Phéniciens peuplaient les routes qu'ils voulaient interdire à leurs concurrents. Et les autres sont des déesses étrangères dont les images s'effritent déjà sur les murs. Qu'il ne s'occupe ni de ces fresques qui tombent ni de ces apparitions. Qu'il regarde les frontons d'albâtre et les parvis où les légions ont campé. Là est son pays, là est son empire. Qu'il se lève et les reconnaisse.

J'ai montré, dans ces expériences du passé ce qui était l'essence et la marque même du fascisme et j'en ai séparé ce que les caractères nationaux ou les circonstances y avaient ajouté ou même ce qu'ils avaient substitué au fascisme et qui n'est pas le fascisme. Je ne vois pas pourquoi la définition du fascisme devrait seule être enfermée dans les moules que lui ont imposés les circonstances. Toutes les réalisations politiques ont des scories et des épaves, et toutes les idées politiques évoluent, se corrigent par l'expérience et s'adaptent. On n'a jamais exigé de Maurras qu'il transplante au XXe siècle les procédés de gouvernement de Louis XV ou de Charles X. Et aucun adversaire de la démocratie ne prétend condamner la république à n'être qu'une répétition mécanique de la Constitution de 1875 si celle-ci ne convient plus à notre temps. Ce qu'on attend d'un théoricien de la monarchie ou de la démocratie, c'est qu'ils dégagent les principes sur lesquels est fondé le régime qu'ils décrivent et qu'ils exposent quelles solutions ces principes apporteraient à notre temps. Je ne demande pas d'autres droits. Nous avons le droit comme eux de nous réclamer des corrections de l'expérience, et de signaler les déviations ou les interprétations erronées du fascisme comme d'autres condamnent et dépassent les conceptions périmées de la démocratie, de la monarchie ou du communisme.

Ce petit livre sera récusé, je m'y attends, par nos adversaires : ils préfèrent nous installer commodément dans le rôle de criminels endurcis. Mais ce n'est pas non plus pour eux que je l'écris. Mais pour les hommes qui sont de bonne foi. Ce serait beaucoup déjà s'il contribuait à dissiper quelques phobies comme celle de ce commandant au béret vert, qui me fait penser à Alceste et dont je dirais volontiers, si sa condamnation ne lui méritait pas notre affection et notre respect, qu'il me paraît aussi inconséquent que lui.

DEUXIÈME PARTIE

LE NOUVEAU FASCISME

L'insaisissable fascisme qui ne s'incarne en aucun des régimes « fascistes » d'avant-guerre n'est pas beaucoup plus fidèlement reflété par les mouvements ou par les tendances dites « fascistes » de l'après-guerre. Cette constatation demande toutefois une sorte de préface.

Le naufrage de l'idéologie fasciste a été si complet qu'il propose une sorte d'énigme à l'historien. Est-ce la première fois qu'une idée vaincue a disparu ainsi après avoir été si puissante, disparu comme un énorme navire, ne laissant sur la mer que quelques épaves dispersées ? Il y eut jadis les Albigeois, on n'en connaît pas d'autre exemple. Et, à la vérité, le fascisme a été, en effet, *extirpé* comme une hérésie, ses chefs massacrés, ses symboles maudits, le sol même qui l'avait porté brûlé et purifié. Ce *déracinement* total fut mené avec les armes les plus modernes et avec une puissance effrayante : la campagne des atrocités en fut le principal instrument, et cette campagne ne fut pas l'effort d'un moment, elle fut continue, méthodique, industrielle, elle dura des années et elle dure encore, et elle durera tant que les vainqueurs du fascisme seront les possesseurs exclusifs de tous les hauts-parleurs de l'opinion : presse, radio, cinéma, édition.

Mais ce n'est pas tout. La propagande n'est qu'une énorme machine, elle ne peut rien de plus qu'une machine. Si le fascisme s'était inscrit profondément dans les cœurs par des bienfaits et par des réalisations impérissables, s'il avait accompli une grande tâche, aurait-il été oublié si facilement ?

La réponse n'est pas simple. Le national-socialisme brutalement couché sous la main implacable de la guerre n'a été qu'un blé en herbe. Sa mission seule de défense de l'Occident est restée dans le souvenir, et c'est encore le sens principal de l'idée fasciste. Le fascisme italien, plus longuement mûri, a laissé aussi une trace plus profonde. Mais l'un et l'autre, à la vérité, ont manqué leur mission essentielle, qui était la réalisation d'un véritable socialisme national. Quant à la *doctrine fasciste*, si elle n'est pas restée un système de référence impérissable, c'est d'abord parce qu'elle n'existait guère. On cherche en vain le *livre* du fascisme : cette Bible n'existe pas. Le mot même de fascisme ne signifie pas autre chose que ce que fut le fascisme en fait, un rassemblement de forces. Les dictateurs fascistes ont été des empiriques et ils ont agi dans leurs pays respectifs selon une certaine *tendance* commune, mais dans un esprit différent. Les forces qu'ils rassemblaient étaient unies sous leur direction, leur cohésion était un effet de la victoire. Apres la défaite, les verges du licteur se sont éparpillées. Ce qui reste du fascisme, c'est cette gerbe défaite et foulée, et, de plus, une certaine idée — et c'est cela qui est le plus précieux — de ce qui aurait pu être.

C'est à cause de cela que les *tendances* fascistes d'après-guerre sont diverses et qu'elles ont toutes pourtant quelque chose de commun. Chacune d'elles correspond à l'une des composantes du fascisme, mais il leur manque cet élan qui attire et soulève les hommes, ce but clair qui apparaît comme une mission sacrée, cette *conscience* de soi, soudainement révélée, qui transforme une nation. Ces *fascismes froids* sont souvent doctrinaires ; ils ne sont pas portés par les grandes vagues mystiques qui brassent un peuple et lui révèlent son vrai visage. Quand les temps seront venus, un vent nouveau se lèvera et portera au loin leur graine. Mais pour l'instant, ces naufragés, groupés sur quelques radeaux que leur ont prêtés les circonstances, ne restent fascistes que parce que leur sensibilité se rattache plus ou moins consciemment à un certain aspect de la conception fasciste de la vie, ils ne portent dans leur arche qu'un des débris de la statue.

Il est assurément inutile de tenir compte ici des groupes bâtards qui ne doivent leur épithète de « fasciste » qu'à l'estampillage fantaisiste de leurs adversaires politiques. Les Vichyssois qui protestent contre l'épuration, le R.P.F. gaulliste et plus tard l'U.N.R., les nationalistes conservateurs du P.R.L. vers 1948, les anticommunistes subventionnés par Jean-Paul David après 1950 ne sont pas des fascistes par la seule raison qu'ils sont des adversaires du communisme ou même de ce que Jean Maze a très bien appelé le *Système*. Cette définition négative ne suffit pas et ce connaissement peut couvrir n'importe quelle marchandise. C'est à d'autres que nous devons nous intéresser.

I - LES GROUPEMENTS NÉO-FASCISTES

Les deux organisations néo-fascistes les plus puissantes, les seules qui aient réussi à obtenir une représentation parlementaire et une certaine influence politique sont le *Movimiento Sociale Italiano* (M.S.I.) en Italie (1) et le *Deutsche Reich Partei* (D.R.P.) successeur du *Sozialistische Reich Partei* (S.R.P.) de Remer dissous en 1951 en Allemagne (2). Malgré la vocation socialiste affirmée par leur dénomination, vocation qui fut réelle puisque Almirante, secrétaire général du M.S.I. en 1951, était un des meneurs de grèves de Milan, les deux formations ont fait porter de plus en plus leurs efforts sur leurs positions nationalistes et elles présentent, l'une comme l'autre, le cas typique d'une évolution *droitière* qui n'a pu être freinée par les éléments de gauche des deux mouvements. Elles apparaissent, l'une et l'autre aujourd'hui comme des formations hostiles aux régimes installés en Italie et en Allemagne, mais non comme des formations révolutionnaires. Il est évident que leur radicalisme a dû être estompé pour des raisons tactiques et, d'autre part, qu'ils ont attaqué sur les points faibles de leurs adversaires, la question de Trieste, puis celle du Haut-Adige en Italie, le problème de la réunification en Allemagne.

Mais ces considérations tactiques n'expliquent pas tout. La vie bourgeoise de ces formations néo-fascistes illustre aussi l'impossibilité pour le fascisme de se développer hors des périodes de crise. Parce qu'il n'a pas de principe fondamental. Parce qu'il n'a pas de clientèle naturelle. Il est une solution héroïque : là où il n'y a pas d'occasion d'héroïsme, il dépérit. Le fascisme ne fournit pas, comme le communisme, une explication de l'histoire du monde, il ne propose pas une clef accessible à tous pour le déchiffrement de l'actualité. Il ne croit pas à une fatalité, il nie cette fatalité, au contraire, il lui oppose la volonté de l'homme et il pense que l'homme peut forger son propre destin. Il ne promène pas partout avec lui un principe inflexible qu'il applique comme une grille, comme un dynamomètre qui sert à mesurer n'importe quel événement. Le fascisme juge les événements et les hommes par rapport à une certaine idée de l'homme qui lui est propre.

C'est un instrument infiniment moins précis, que la doctrine communiste, ou, pour parler le langage marxiste, infiniment moins *scientifique*. À cause de cela, le fascisme risque toujours d'être sentimental, généreux, emporté, qualités et défauts du jacobinisme. Il s'indigne, se soulève, se brise : il est essentiellement mouvement de foule et non méthode de théoricien.

C'est pourquoi il n'a pas comme le communisme une clientèle naturelle : il n'est pas le parti du prolétaire ou du paysan ou de quelque autre classe. Il est le parti de la nation en colère. Et principalement, par élection, le parti de cette couche de la nation qui s'accommode habituellement de la vie bourgeoise, mais que les crises déclassent, que les revers irritent et indignent et qui intervient alors brutalement dans la vie politique avec des réflexes purement passionnels, c'est-à-dire la classe moyenne. Mais cette colère de la nation est indispensable au fascisme. Elle est le sang même qui irrigue le fascisme. Sans elle, il se bat les flancs en vain, fait des moulinets qui n'impressionnent personne et il dresse en vain l'image du héros qu'il faudrait être en un temps où personne ne voit la nécessité de l'héroïsme.

Les servitures de la présence politique en temps de paix ont pesé sur le M.S.I. comme sur le D.R.P. À cause d'elles, ils ont fini par s'installer confortablement dans l'opposition, comme le R.P.F. l'avait fait jadis en France, mais sans même avoir un « homme providentiel » à proposer. Le M.S.I. se réfugie dans le souvenir. Le D.R.P. n'a même pas cette ressource que lui interdit la loi. Ni l'un ni l'autre ne semblent avoir aperçu que même en période de paix politique, le fascisme a encore une mission qui est de montrer à tous ceux qui participent à la production nationale le vrai visage du socialisme. Aussi leur fascisme a-t-il l'air de proposer non pas une autre structure des choses, mais seulement une autre direction d'un monde qui ne serait pas changé essentiellement. S'ils accédaient au pouvoir, se dit-on, l'Italie serait plus nerveuse et plus puissante, l'Allemagne aborderait avec courage le problème de sa réunification. Et après ? Ces épines que chaque nation a sous la peau, si l'on parvenait à les ôter, qu'est-ce qui serait changé à notre vie ? Ce ne sont là que des thèmes de campagne électorale. La chasse aux bulletins donne aux partis, même lorsqu'ils sont fascistes, une démarche tâtonnante et myope. C'est certainement autre chose que la jeunesse allemande et la jeunesse italienne attendent de mouvements qui prétendent perpétuer, même en les transformant dans un autre style, l'esprit d'Hitler et Mussolini.

Pourquoi donc, néanmoins, nous apparaissent-ils, en effet, comme des partis *néo-fascistes* ? Pourquoi ne nous font-ils pas hausser les épaules comme le R.P.F. et l'U.N.R. ? Ce n'est pas seulement une question de personnes. Assurément, les fascistes ont souvent la naïveté de s'imaginer qu'il suffit d'avoir été sous-secrétaire d'État ou hiérarque de quelque tonnage dans un gouvernement fasciste pour porter sur le front la marque des élus. Mais ces prestiges baissent de jour en jour et clignotent. Les fascistes reconnaissent de plus en plus le signe du fascisme sur des catéchumènes qui ont pris leurs grades en dehors des formations fascistes d'autrefois, et parfois dans le maquis, dans la résistance ou même dans les camps de concentration. Ils en conçoivent l'idée qu'on reconnaît le fascisme à une certaine manière de juger les personnes et les choses et non aux écussons qu'on porte sur le bras. Ils découvrent que la question de personne n'est qu'un élément de diagnostic.

Ces mouvements récents sont bien pourtant des mouvements *néo-fascistes*, parce qu'ils expriment d'abord le refus de l'ordre qui a été institué en 1945. Ce refus est opposé, non seulement aux personnes, mais aux principes qui ont triomphé : à l'hypocrisie démocratique, aux mensonges de la propagande, aux régimes impuissants nés de la coalition contre nature du capitalisme et du marxisme. Même si nous souhaitons que ce refus soit plus durement et surtout, plus doctrinalement motivé, il suffit qu'il existe, qu'il soit radical et intransigeant : c'est-à-dire qu'il ne conteste pas seulement de nouveaux maîtres, mais leur inspiration et leur esprit.

Cette attitude de combat doit être complétée, en outre, par une inspiration propre. Ce que représentent de plus précieux dans le monde politique d'aujourd'hui les militants du M.S.I. et, dans un autre style, ceux du D.R.P., c'est la révolte contre le conformisme, l'esprit de soumission et d'abandon, la lâcheté morale qui endort nos nations, c'est un instinct de la vie héroïque. Par là, nous reconnaissons en eux quelque chose de totalement étranger à l'esprit démocratique. C'est cette qualité profonde, cet instinct fondamental qu'exprime, en vérité, leur nationalisme. Ce n'est pas tout le fascisme, mais c'est assez pour nous les rendre fraternels. S'ils s'endorment dans l'opposition parlementaire, tant pis pour eux. Leur force les abandonnera quand ils ne traduiront plus ce désir de *vivre debout*. Ou s'ils le dérivent vers des expéditions marginales qui ne sont que les prétextes de l'inaction.

*

Ces grandes organisations ne sont pas seules à représenter en Europe le néo-fascisme. Un trait caractéristique de l'histoire du néo-fascisme est le pullulement anarchique de petits groupes qui ne sont découragés ni par la faiblesse de leurs effectifs ni par la pauvreté de leurs résultats. Un examen rapide pourrait faire penser que ce sont les concessions que les grandes formations ont dû faire, soit pour échapper à une législation répressive, soit pour maintenir leur empire électoral, qui se trouvent à l'origine de ces dissidences. C'est quelquefois l'explication, en effet : les intransigeants se sont parfois regroupés à l'écart parce qu'ils ne retrouvaient pas dans l'action de leur parti ce qu'ils attendaient du radicalisme fasciste. Mais ce n'est qu'une des causes de cette fragmentation, et la vérité est plus complexe. Les sectes néofascistes se sont reformées très tôt, beaucoup plus tôt qu'on ne l'imagine généralement. Elles se sont constituées comme des bandes dans les tourbillons de la défaite et de la persécution. Un homme décidé plantait son fanion quelque part et une poignée de camarades s'agglutinait autour de lui. Ailleurs, un autre groupe s'organisait dans la nuit. Ces bandes de soldats perdus qui se reconnaissaient dans les ténèbres de l'injustice et de la haine, elles étaient dirigées par des inconnus, des sans-grade, que leur obscurité avait fait échapper au filet du rétiaire étendu sur l'Europe de Kœnigsberg à Hendaye. Et les premiers qui refusèrent de courber la tête n'eurent d'abord pour chef que des sous-officiers qu'aucun Napoléon ne pouvait faire maréchal. Ils vécurent ainsi, se nourrissant de feuilles ronéotypées et de réunions où l'on chantait les beaux chants de route des divisions d'Hitler où l'on allumait les feux des solstices d'été. Ces héros du désespoir, quelles belles troupes elles eussent pu fournir à un Bonaparte ou un Catalina ! Mais nous n'avions pas de Bonaparte et le génie triste de Maurice Thorez n'était occupé qu'à dresser bureaucratiquement des listes de forçats.

Quand les hiérarques et les sous-vedettes sortirent de leurs difficultés commença une seconde étape de l'histoire du néo-fascisme. Ils virent les choses en grand, on leur en donnait les moyens. Les projets plus vastes, les journaux virent alors le jour. On put vérifier alors que la politique, bien plus encore que l'Évangile, choisit ses élus parmi les recrues de la onzième heure. Les sous-officiers de l'armée en guenilles qui s'était battue autour du drapeau auraient accepté peut-être de porter des épaulettes dans l'armée de quelque satrape glorieux. Les satrapes y auraient consenti, sans doute, mais ils avaient auprès d'eux des sages. Qu'apportaient-ils, ces combattants du désespoir, sinon le nom d'énergumènes qu'on donne volontiers à ceux qui se lèvent de trop bonne heure pour défendre la vérité ? On leur fit sentir que leur présence compromettait de justes causes. D'autres avaient le malheur d'être violents : il ne fallait pas de violents. D'autres tenaient à quelque programme : on ne voulait pas non plus de programme. Les causes enfin furent diverses et parfois petites, comme il arrive dans l'histoire des hommes. Il faut avoir le courage de dire notamment qu'un grand malheur du fascisme fut qu'Hitler ait commencé sa carrière avec un groupe de neuf compagnons. Ces miracles que l'histoire répète rarement font naître des illusions. La police aussi apprit son métier ainsi que les agents soviétiques. On vit naître des météores dont les ressources étaient aussi abondantes que mystérieuses. Ils ne laissaient après eux que l'amertume et la division.

Ainsi l'effritement du néo-fascisme en petits groupes a moins pour cause la rébellion et la sécession que les circonstances elles-mêmes, les conditions nées de la persécution, la dispersion des efforts, et les difficultés politiques qui ont pu être rencontrées ensuite pour intégrer à une action commune des tendances extrémistes renforcées dans leur radicalisme par leur isolement et leur pauvreté elle-même. Cette situation n'en souligne pas moins certaines particularités du fascisme qu'on peut regarder comme des faiblesses si le fascisme n'est pas capable de les surmonter.

Tout d'abord, nous avons à constater une fois de plus l'absence d'une doctrine précise, rigoureuse, propre à servir de référence. Nous verrons tout à l'heure les réserves qu'il faut apporter à cette constatation. Néanmoins, les interprétations nationales diverses du fascisme se répercutent sur le néo-fascisme et, pour l'instant du moins, le néo-fascisme est une tendance exagérément élastique, dans laquelle partisans et adversaires peuvent mettre un peu trop librement tout ce qu'ils veulent.

Un second sujet d'inquiétude est l'excessif particularisme des formations fascistes. C'est la pente de toutes les sectes. Chacune a son saint, chacune dorlote son idée fixe et cherche à placer son ours, même si les autres le trouvent encombrant. Là encore, c'est la référence qui manque. L'Arche sainte est un monument parfois ennuyeux, mais qui a l'avantage de faire paraître essentiel ce qui est essentiel et de réduire au secondaire ce qui n'est que secondaire.

Enfin, le néo-fascisme a hérité de son passé illustre un *tabou* vénérable, mais fort encombrant et qui constitue peut-être, à vrai dire, la contradiction la plus dangereuse que contienne l'idée même du fascisme : le mythe du chef providentiel. La grande consommation que nous avons faite de chefs providentiels ne nous permet pas d'espérer, en effet, que la nature féconde voudra bien nous en fournir le nombre nécessaire pour chaque génération, et il n'est pas étonnant que le néo-fascisme attende encore son Moïse et les Tables de sa Loi. Mais surtout le souhait même de voir se lever ce prophète marqué par le Destin est peu conciliable avec l'existence d'une sagesse préétablie. Lorsque le chef se lève au-dessus des foules et se fait reconnaître, la vérité est alors ce qui sort de sa bouche et non autre chose, et les adversaires du fascisme n'ont pas tort d'en conclure que le fascisme est, par conséquent, *une aventure*. Doctrine et pouvoir se confondent donc dans le fascisme, tel qu'on le conçoit généralement. Le néo-fascisme n'a pas de doctrine certaine parce qu'il n'a pas de chef reconnu. Et s'il ne fait pas clairement la distinction entre ces deux notions, il risque de n'avoir jamais ni chef ni doctrine et d'attendre éternellement du hasard qu'il lui envoie du ciel une tête pensante qui serait aussi une poigne énergique. Il risque même, ce qui serait plus grave, de prendre l'une pour l'autre et de suivre un fou qui crie plus haut que les autres en le prenant pour un homme de génie.

Le néo-fascisme doit se définir et faire passer les principes avant les gros bras. Il doit admettre et même proclamer qu'une direction collective peut toujours se substituer à l'*homme providentiel* : qu'une telle direction est même le meilleur moyen pour qu'il se révèle des hommes dont on puisse reconnaître la valeur et l'autorité. Il doit accepter les nécessités de la discipline qui sont aussi les nécessités du combat.

Ces idées gagnent du terrain et elles contribuent à donner au néo-fascisme une physionomie sensiblement différente de celle du fascisme classique. Les spécialistes évaluent à une cinquantaine les groupements qui ont existé en Allemagne pendant ces dernières années. Il y en eut une vingtaine en Italie, un peu plus peut-être en France. On en trouvait en Belgique, en Suisse, en Hollande, pays peu propices à l'éclosion du non-conformisme. Des boutures lointaines du néo-fascisme ont poussé aux États-Unis, au Brésil, en Turquie, d'autres se sont acclimatées en Irlande, et même en Angleterre, le péronisme n'a pas cessé de vivre en Argentine, et je ne parle là que des petits groupes, réservant la renaissance du fascisme après la guerre sous des formes nouvelles pour en traiter un peu plus loin.

L'histoire de ces groupes tentera sans doute quelque jour un curieux. Il y trouvera des exemples d'énergie, de dévouement, de désintéressement, de courage obstiné dans la pauvreté la plus totale. Qu'il ne s'étonne pas, ce sont les qualités du fanatisme. Il découvrira que presque tous les hommes dont il rencontrera les noms, étaient jeunes, qu'ils étaient des ouvriers, de petits employés, que l'argent consacré aux affiches, aux tracts provenait de collectes faites parmi eux ou de la part qu'ils apportaient de leur salaire, que les revues ronéotypées qui étaient leurs seuls moyens d'expression, que les réunions de quartier qui étaient leur principal moyen de propagande, que les manutentions, l'expédition, l'administration étaient l'ouvrage de militants qui travaillaient huit heures chaque jour à leur usine ou à leur bureau et qui consacraient à ces tâches le temps que les autres donnent à leur plaisir ou à leur repos. Qu'il ne s'en étonne pas non plus, et qu'il se souvienne que Proudhon et Blanqui ont eu les mêmes commencements et les mêmes camarades. Il comptera leurs semaines et leurs mois de prison, ils y passèrent presque tous : c'était pour eux comme les chevrons que les combattants portent sur leur manche. Ils sont comme le chiendent que les coups de bottes et les coups de pioche n'empêchent pas de pousser. Je laisse à leur historien futur le soin de se demander s'il n'y a pas quelque vérité ou quelque justice bafouée dans des idées auxquelles on fait de pareils sacrifices. Cet hommage n'est pas hors de sa place ici parce qu'il nous apprend, d'une certaine manière, ce que c'est que le fascisme.

Mais ce qui m'importe surtout, c'est de montrer quelle version du fascisme ont présenté ces petits groupes qui furent libres, en raison de leur isolement, d'exprimer ces thèses intégrales et intransigeantes.

Dès le début, et chez tous sans exception, apparaît la nostalgie de ce que le fascisme n'a pas su réussir, le socialisme et l'unité européenne. Sur ces deux objectifs fondamentaux, les groupes doctrinaires insistent avec une telle force et une telle persistance que ces deux mots semblent bien constituer une signature, une devise du fascisme doctrinal. Mais le socialisme du fascisme et l'Europe du fascisme ne sont pas le socialisme et l'Europe de tout le monde.

Le socialisme fasciste est autoritaire, il est même volontiers brutal. Il est autoritaire parce que les doctrinaires du fascisme sont persuadés que seul un régime autoritaire pourra vaincre les résistances que les puissances d'argent opposeront toujours au socialisme : ils voient dans la démocratie un régime dominé par les groupes de pression des intérêts économiques et ils pensent que les mesures sociales qui sont prises par les démocraties ne sont jamais adoptées qu'avec l'accord des milieux d'affaires et n'ont d'autre résultat que de les aider et de les protéger en faussant le système économique. Ils constatent que la démocratie n'a jamais pu faire disparaître les scandaleuses différences de niveau de vie, qu'elle entretient au contraire une classe de privilégiés et de parasites dont le luxe est un défi à ceux qui travaillent. Et ils pensent que la disparition de ces injustices et de ces privilèges ne pourra se faire sans une lutte à laquelle le régime démocratique est impropre.

C'est pourquoi leur socialisme est volontiers brutal. Envisageant un très large échelon de nationalisations, ils ne veulent pas que celles-ci soient théoriques et se traduisent par de nouvelles prébendes. Ils les conçoivent souvent sous la forme de confiscations — au moins en ce qui concerne les privilégiés qui exploitent des baronnies et fiefs dont ils ne sont que les héritiers et les gérants. Ils n'acceptent pas qu'un État anonyme se substitue aux Sociétés anonymes pour distribuer aux mêmes classes de la haute bourgeoisie les riches canonicats économiques, ils veulent que les postes de commande appartiennent aux meilleurs techniciens et aux créateurs. Ils pensent qu'un État fort doit supprimer arbitrairement les parasites et prébendiers de l'économie et en même temps couvrir et protéger les fortunes et les puissances issues de l'initiative privée qui doivent se trouver défendues contre une démagogie théorique et incohérente. Ils ne repoussent ni les enquêtes sur les fortunes privées injustifiées, ni les pressions destinées à faire rendre gorge à ceux qui ont bâti des fortunes scandaleuses sans rendre aucun service à la nation.

Ce socialisme autoritaire est assurément assez différent de celui de M. Ramadier dont il était contemporain et de celui de M. Guy Mollet qui lui a succédé. Il est inséparable, comme on peut le voir, d'un système de gouvernement autoritaire qui est le propre du fascisme.

Ce socialisme rigoureux et efficace apparaît aussi comme la meilleure arme contre le communisme. Le néo-fascisme doctrinal constate que les démocraties ont peu d'idées neuves à mettre en avant dans la lutte qu'elles mènent contre le communisme et qu'elles perdent du terrain tous les jours, notamment en Afrique et en Asie, constatation qui n'a malheureusement rien d'original. Il croit en revanche qu'un socialisme véritable, un socialisme libérateur qui s'attaquerait avec vigueur à faire disparaître l'exploitation que le marxisme dénonce justement serait capable de rallier des masses ouvrières que la démocratie a déçues et aussi les peuples jeunes qui se sont donnés comme premier objectif de s'affranchir des conditions qui leur ont été imposées par la colonisation et qui ne trouvent présentement que le communisme comme allié. Le néo-fascisme reste donc essentiellement et intégralement anti-communiste. Il considère les partis communistes comme autant de corps expéditionnaires de l'impérialisme soviétique dans les différentes nations. Il demande que ces formations politico-stratégiques soient regardées pour ce qu'elles sont, qu'elles ne soient pas traitées comme des partis ordinaires dans une nation, mais qu'elles soient mises hors d'état de poursuivre leur besogne de dissociation et de trahison. Socialisme, autoritarisme, anti-communisme se complètent donc : ils sont les trois volets du même triptyque.

La puissance et l'indépendance *réelle* de la nation constituent une autre préoccupation majeure du néo-fascisme. L'origine de cette préoccupation est une autre constatation qui n'est pas originale non plus. Les nations européennes ne sont plus réellement indépendantes, elles sont obligées de tenir compte pour diriger leur politique, leur économie et même pour assurer leur protection, de forces internationales qui pèsent souvent plus lourd dans les décisions de nos gouvernements que la volonté du peuple ou l'intérêt national. Restaurer la souveraineté de nos nations est un des soucis les plus graves qui nous aient été légués par le désordre de l'après-guerre. Des formules de gouvernement entièrement différentes de celles qui sont généralement admises peuvent seules permettre à l'État de s'opposer à l'ingérence des puissants groupes financiers internationaux ou à l'intervention dans notre politique d'une prétendue opinion internationale qui n'est en réalité que l'instrument de quelques États-majors politico-financiers. Cette politique est, en réalité, une politique de libération. Elle ne peut se concevoir sans l'appui du peuple. Mais les néo-fascistes sont convaincus que le peuple donnera toujours raison à un pouvoir fort qui aura pour objectif la justice sociale et l'indépendance nationale.

L'intérêt supérieur de la nation est donc finalement la référence suprême de laquelle le fascisme d'après-guerre fait dépendre toutes les positions politiques. C'est là un principe si généralement admis qu'il est commun aux formations politiques qui ont à se préoccuper d'intérêts opportunistes et aux petits groupes doctrinaux. C'est sur ce point que se fait la rencontre. On peut donc regarder ce principe comme la marque d'une *tendance fasciste*, et à ce titre, tout parti, tout mouvement, tout homme sincèrement patriote a en lui la semence du fascisme, bien que le fascisme, comme doctrine politique, contienne beaucoup d'autres choses.

Les doctrinaires du néo-fascisme ne semblent pas s'être demandés à quel moment la loi morale, les impératifs de la conscience peuvent opposer leurs exigences à *l'intérêt supérieur de la nation*. Cette question si grave est pourtant tout le problème du fascisme pour bien des hommes. Et elle mériterait une réponse d'autant plus nette que l'accusation morale la plus sérieuse intentée au fascisme d'avant-guerre est précisément d'avoir substitué *l'intérêt supérieur de la nation* à toute loi morale et à toute conscience. Je ne puis présenter ici ma propre réponse à défaut de celle qui n'a pas été donnée, ce n'est pas l'objet de cette étude. Je crois pouvoir dire, toutefois, que les néo-fascistes ne posent pas la question, parce que, me semble-t-il, elle est résolue dans leur esprit. Blâmant les excès auxquels certaines puissances fascistes d'avant-guerre ont pu se laisser entraîner, ils pensent qu'une des tâches de tout mouvement politique s'inspirant du fascisme est de ne plus les renouveler. Ils souhaitent que l'autorité soit confiée aux meilleurs, et ils espèrent que ceux-ci auront parmi leurs qualités un sens naturel de la loi morale et de la conscience qui évitera de pareilles oppositions. Ils cherchent à tempérer l'autorité qu'ils trouvent nécessaire par des instruments qui permettront à l'opposition de se faire entendre. Ils estiment donc que les drames de conscience qui se sont produits pendant la guerre mondiale ne devraient plus se répéter. Je crois pouvoir dire enfin que si des cas de conscience se posaient, à condition qu'il ne s'agisse pas d'une action concertée ayant pour but le sabotage, il serait dans l'esprit du néo-fascisme de les admettre comme des causes valables d'exemption.

Cet examen des positions doctrinaires du néofascisme nous fournit donc les quatre critères extérieurs, zoologiques, comme nous disions plus haut, auxquels on peut reconnaître un mouvement ou un régime d'esprit fasciste : nationalisme, socialisme, anticommunisme, régime autoritaire. Ce sont des caractères *fondamentaux*. Nous verrons plus loin qu'il y a aussi des caractères secondaires importants. Mais signalons dès maintenant une position du néo-fascisme que nous avons hésité à placer parmi les caractères fondamentaux, mais qui en est finalement une déduction à peu près inéluctable.

Le néo-fascisme met l'indépendance de la nation au-dessus de tout, mais il conçoit que, dans le monde moderne, nos nations européennes ne peuvent plus assurer *seules* efficacement la protection de leur territoire et même qu'*à elles seules*, elles ne peuvent prétendre avoir une économie véritablement indépendante. Le rêve des puissances fascistes d'avant-guerre de constituer un Empire Européen, qu'il ait été sincère ou non, est une nécessité grave et pressante de notre temps. Nos nations ne peuvent plus retrouver la puissance qu'elles ont définitivement perdue en 1945 qu'au sein de cet Empire d'Europe qui peut seul leur assurer les moyens de leur défense et de leur véritable liberté. Les doctrinaires du néo-fascisme sont donc résolument *européens*. Ils ont reporté sur l'Europe les rêves de grandeur et de prestige qu'ils avaient fait autrefois pour leur patrie. Mais ils sentent que l'Europe ne doit pas être une image agrandie des impuissances et des contradictions propres aux régimes actuels. Ils veulent que l'Europe *porte une idée nouvelle*, qu'elle soit forte par son travail, par ses ressources naturelles, par la qualité de sa population, par sa production : mais ils savent aussi que ce n'est pas tout d'être riche et de fabriquer beaucoup d'acier, que ce n'est qu'une partie, la plus lourde, la plus vulnérable, de la puissance, et ils veulent que l'Europe devienne la terre que l'on regarde parce qu'elle apporte un espoir, une solution, parce qu'elle est un modèle sur la route de l'affranchissement.

L'Europe du fascisme n'a donc rien de commun avec l'Europe de nos conseils et de nos politiciens. Elle a l'ambition d'être « une troisième force » entre le bloc américain et le bloc soviétique, ce qui n'est pas original puisque la formule même est, je crois, de Robert Schuman. Mais elle veut que cette « troisième force » dispose de sa propre force militaire et de ses propres instruments de défense, qu'elle ne soit liée par des alliances automatiques à aucun des deux blocs, et qu'elle constitue une puissance militaire neutre menant une politique indépendante. Cette île idéale placée entre les deux continents ennemis surgit dans l'imagination des doctrinaires fascistes entre 1946 et 1948. Les doctrinaires raisonnent souvent comme s'ils avaient le pouvoir. Personne ne se soucia de construire l'île dont ils rêvaient. En quinze ans, le visage du monde a tellement changé qu'on peut se demander comment se présente aujourd'hui à l'esprit des mêmes théoriciens cette « troisième force » qu'ils appelaient de leurs vœux et qui s'est réalisée sous la forme inattendue d'un « troisième monde ». Si la réalisation de cette conception exige assurément une mise au point qui n'a pas été faite à ma connaissance, les principes qui l'ont inspirée n'en demeurent pas moins une autre *constante* du fascisme que nous n'avons pas le droit d'ignorer.

Or, le principe fondamental est clair et on le trouve exprimé et répété continuellement dans les textes publiés par les groupes radicaux : le néo-fascisme se considère comme *étranger* au monde démocratique comme au monde marxiste, il ne veut pas être entraîné dans la querelle du capitalisme et du marxisme et il recherchera toujours une *troisième voie* pour affirmer son caractère propre entre les deux camps. Les doctrinaires du néo-fascisme pensent même que le salut est dans cette troisième voie seule, hors de laquelle ils n'aperçoivent que la guerre mondiale ou l'installation par étapes du marxisme. L'île d'Europe n'est qu'une application de cette position à un moment donné de l'histoire.

*

Cette semence doctrinale, il ne faut pas croire, toutefois, qu'elle germe dans les différents terroirs du néo-fascisme aussi vigoureusement qu'un esprit systématique peut le souhaiter. Nous avons déjà dit que les plus puissantes des formations néo-fascistes, le D.R.P. et le M.S.I., confessent cette vérité de bouche plutôt que de cœur. Le nationalisme couve toujours sous la cendre et fuse tout d'un coup en hautes flambées électorales. Le même phénomène s'est produit en

France au moment de la guerre d'Algérie. Les groupes fascistes ont couru d'instinct à la frontière, ils ont été les défenseurs les plus intransigeants de la grandeur nationale menacée et ils se sont avisés plus tard seulement qu'en défendant les possessions françaises, c'était la dot de l'Europe qu'ils défendaient également. Ce qui fut immédiat, ce qui enleva du premier coup leur adhésion, c'est un vif sentiment de la puissance nationale qui pulvérisa à ce moment-là toutes les références doctrinales. Ils ne se demandèrent pas si, en défendant l'Algérie, ils ne défendaient pas aussi des intérêts de la démocratie ploutocratique. Ils n'examinèrent pas si les nationalistes algériens n'appartenaient pas, en réalité, à ces forces qui veulent établir des régimes neufs et autoritaires ne dépendant ni de Washington ni de Moscou. Ils ne se posèrent aucune de ces questions qui étaient graves pourtant. Ils n'accordèrent aucune attention à l'orientation singulière des groupes néo-fascistes allemands qui ne cachaient pas leur sympathie pour les pays arabes. Ils ne réagirent nullement comme les communistes pour lesquels le drame algérien ne fut qu'un des facteurs de la lutte internationale qui oppose partout dans le monde les puissances marxistes aux puissances capitalistes. Alors que les communistes posaient aussitôt le problème algérien dans les termes de l'*internationale communiste*, les groupes fascistes ne songèrent même pas un instant à le poser dans les termes de l'*internationale fasciste*. Et, au commencement, ils ne se déterminèrent même pas non plus en fonction de la lutte anticommuniste. Ils ne firent rien de tout cela. Ils obéirent à un choix purement nationaliste et peut-être même purement sentimental. Et cette expérience mérite d'être méditée. Car elle nous avertit ou que la base doctrinale du néo-fascisme est plus fragile — ou plus complexe — qu'il ne semble d'abord, ou que le fascisme est condamné encore pour longtemps à des sauts de carpe provoqués par des réflexes purement sentimentaux.

Les positions prises dans le drame algérien mettent en pleine lumière, en fait, une certaine contradiction du fascisme, que notre description n'a pas le droit d'ignorer. Le fascisme met la nation au-dessus de tout, il soutient que tout est subordonné à l'intérêt national, qu'aucun droit ne prévaut contre l'intérêt de la nation, qu'aucune puissance ne peut exister qui ne lui soit soumise. Cela n'est pas en désaccord avec le sentiment de représenter une *troisième voie* entre le marxisme et la démocratie : c'est simplement une précision, on nous dit ce que sera cette troisième voie. On nous le dit même très bien, on nous le dit sans équivoque. On nous explique que nous sommes dans la nation comme des soldats dans leur unité, comme des moines dans leur ordre. C'est déjà ce que disait José-Antonio et là-dessus toutes les écoles sont d'accord, c'est une déclaration que le D.R.P., le M.S.I. contresigneraient volontiers. Le socialisme autoritaire en découle tout naturellement. Et ce nationalisme s'accorde parfaitement aussi avec l'idée européenne puisque l'Europe permet seule aux nations de retrouver ensemble la puissance qu'elles n'ont plus individuellement. Tout cela est donc très cohérent, c'est un joli jouet, très joli à voir fonctionner et qui ne devrait laisser place à aucune hésitation.

C'est ici qu'intervient le sentiment. Cette Europe que souhaitent les fascistes, ils la souhaitent, mais elle n'existe pas. Cette troisième voie que les fascistes représentent, ils la pressentent mais elle n'est réalisée nulle part. Or, il est difficile, quand on n'est pas un doctrinaire pur, de se déterminer en fonction de ce qui n'existe pas. Les communistes se déterminent en fonction d'un État qui existe, l'U.R.S.S., et d'un impérialisme dont les plans se développent, l'impérialisme communiste. Ce qui existe, pour l'instant, du côté des fascistes, c'est seulement leurs nations : là est le support de leur force future, de leurs espoirs, de tout avenir qui postule que d'abord leurs nations ne disparaissent pas. Ils courent donc d'instinct au plus pressé, à l'essentiel, et cet instinct est juste. Mais il n'est qu'un instinct, et comme tout instinct, il peut être aveugle. C'est là-dessus que je voudrais m'arrêter un instant.

Les fascistes ne se sont pas dit : « voilà l'intérêt du fascisme », ils ne se sont même pas dit : « voilà l'intérêt supérieur de la nation, nous allons nous battre pour ce qui est essentiel et assure maintenant et pour l'avenir l'intérêt de la nation », ils se sont dit seulement : « le territoire de la nation est menacé, le territoire qui va de Dunkerque à Tamanrasset est en danger, il faut se battre. » Ils ont marché au tambour. Il se trouve que, dans la guerre d'Algérie, la défense du territoire a éveillé en même temps des sentiments qui servent l'intérêt supérieur et permanent de la nation. Mais le choix sommaire qui a été fait n'en est pas moins dangereux. Car la nation peut être confisquée. Elle peut devenir, telle qu'elle est, la propriété de l'adversaire. Et l'armée qui défend son territoire peut être utilisée *en même temps* à combattre l'intérêt supérieur et permanent de la nation, à le compromettre à jamais. Marcher au tambour n'est pas une solution. Car il y a tambour et tambour. Il faut choisir ses guerres. C'est ce que le nationalisme ne fait jamais. Toute guerre lui est bonne si on lui montre quelque ligne bleue. La crosse en l'air, jamais : bon moyen pour ne retrouver la crosse à l'épaule pour le compte d'un juge d'instruction.

Le fascisme manque d'une dialectique, voilà ce qu'il faut

en conclure. Chez la plupart des fascistes, le nationalisme est encore à la fois doctrine et sentiment. Et ils n'aperçoivent pas que le nationalisme-sentiment peut les amener à participer sans pouvoir s'en défendre aux entreprises les plus contraires au nationalisme-doctrine. Les routes de la décadence sont pavées de bonnes intentions. Les fascistes le savent-ils ? Je sais bien que les positions sentimentales sont confortables : il est toujours plus facile de servir que de vouloir et il est agréable d'être approuvé de beaucoup. Elles sont sincères aussi chez presque tous. Les hommes les plus énergiques ont en eux un sentimentalisme de boy-scouts, ils sont attirés invinciblement par la morale des braves gens. Mais il n'est pas sûr que ce soient les bons sentiments qui fassent la meilleure politique. Il est remarquable, en tous cas, qu'aucun fasciste n'ait jamais osé dire, fut-ce à l'indignation générale, que la guerre d'Algérie, comme toute guerre, était pour lui, avant tout, un moyen de renverser un certain système politique dont le renversement est finalement la condition même du maintien de la puissance nationale, sous une forme ou une autre, en Algérie comme ailleurs. C'est pourtant ce qu'aurait dit Lénine. D'où l'on peut conclure qu'il manque un *léninisme* du fascisme. C'est une faiblesse sympathique. Mais, finalement, dans une cuirasse politique, c'est ce qu'on appelle un *défaut*.

*

Tels sont donc les dogmes du fascisme, telle est l'Arche Sainte, du moins d'après ceux qui s'en intitulent les Lévites et les Sacrificateurs. Les peuples ne se pressent pas, comme on sait, autour de ce tabernacle et « l'impie Achab » règne en paix sur les plaines de Sion. De temps en temps, les journaux dénoncent des conciliabules et dévoilent la main toute-puissante de quelque *Internationale nazie*. D'autres fois, des polices s'en viennent pâturer leur bottée de fiches en quelque officine et ruminent longuement des listes maigres. La Suisse et l'Allemagne se donnent encore aujourd'hui le ridicule d'interdire l'accès de leur territoire à des « agitateurs » dont l'œil flamboyant et la parole terrible risqueraient de frapper comme un feu du ciel les idoles de la démocratie. Et, certes, partout dans le monde, des hommes espèrent, et ils ont la conviction et la sérénité des Saints du Dernier Jour. Ils sentent la pourriture et l'odeur de la mort, et ils savent qu'un vent se lèvera un jour, qu'il se lève déjà à l'horizon du présent. C'est vrai que l'heure des bataillons fascistes peut être soudaine, qu'elle est peut-être déjà sur nous. Mais, pour l'instant, l'objectivité de l'historien le contraint à dire que les tribus du néo-fascisme ne déferlent pas comme une inondation irrésistible au sein des grasses vallées. C'est autrement, c'est sur un autre point du monde, que le fascisme a rompu les digues mal défendues et qu'il s'élance, armée ressuscitée et méconnaissable, sur nos citadelles éperdues.

(1) Le M.S.I. fondé en 1949 sous la direction de Gorgio Almirante réunit près de deux millions de suffrages et dispose d'une trentaine de députés. Sa position est particulièrement forte en Sicile. Une direction centriste, représentée aujourd'hui par Roberto Mieville est à la tête du M.S.I. depuis près de dix ans et arbitre les divergences entre les tendances de droite et de gauche.

(2) Le D.R.P. groupe environ cinq cent mille voix et dispose de députés dans les *Länder*. Sa position est particulièrement forte en Basse-Saxe. Il n'a jamais retrouvé

la pénétration qu'avait eue, dès son départ, le S.R.F. de Remer, plus radical, et dissous par Adenauer un an après son apparition.

II - LE NASSÉRISME

« Relève la tête, mon frère, car les jours d'humiliation sont passés. » Cette phrase qui eût convenu à l'Allemagne de 1934, c'est par elle que Nasser annonçait sur les murs du Caire en 1954 l'avènement d'une ère nouvelle. À vingt ans de distance, un autre peuple brisait ses chaînes : l'Égypte qui s'affranchit du tribut séculaire sort de la nuit avec le même geste que l'Allemagne qui rejetait le carcan de Versailles. Contre les mêmes aussi : c'est un peuple fier et pauvre qui ne veut plus de la domination des nantis. Et sous la direction des mêmes hommes, au fond : des officiers appartenant à la petite bourgeoisie, blessés dans leur fierté nationale, blessés dans leur sentiment profond de la justice et de l'honnêteté, anciens combattants qu'une défaite imméritée révolte, que la corruption dégoûte et qui veulent un régime où ils seront enfin chez eux.

La structure de la république d'Égypte reproduit les caractères de la structure politique fasciste. Le chef de l'État réunit entre ses mains les différents pouvoirs, il est assisté d'une direction collégiale issue de la révolution mais, en fait, depuis longtemps contrôlée par lui. Les Assemblées Législatives ont disparu. Les partis politiques sont dissous et le contact est maintenu avec le peuple par l'intermédiaire d'un parti unique, l'Union Nationale. L'appui de l'opinion est évident et s'est manifesté plusieurs fois d'une façon éclatante. Les entreprises de presse sont nationalisées et contrôlées par le gouvernement.

La ligne politique du régime n'est pas moins caractéristique. Le régime a été défini à plusieurs reprises comme un socialisme national autoritaire qui admet et protège la propriété privée, mais s'oppose à l'exploitation et aux monopoles. Une réforme agraire a morcelé les *latifundia* et les a distribués aux petits propriétaires. L'économie est planifiée. Un mécanisme d'équipement national a été mis en place : il repose, comme on le sait, sur la construction du fameux barrage d'Assouan et il a déjà abouti à des réalisations satisfaisantes dans la métallurgie et le textile. Des travaux plus modestes mais non moins urgents sont en cours de réalisation pour faire rattraper à l'Égypte son retard technique. Cet équipement est réalisé la plupart du temps par des entreprises d'État avec la collaboration de capitaux privés.

La position que Nasser a voulu prendre à l'égard des problèmes mondiaux n'est pas moins significative. C'est même cette position qui met en relief les tendances profondes du régime et ses véritables aspirations. Car l'anticapitalisme, le partage des terres, le dirigisme socialiste, l'épuration, le planisme peuvent se retrouver dans un régime de Front Populaire, et même la direction autoritaire : et pourtant de tels régimes de Front Populaire, ressemblant par leurs caractères extérieurs et certaines de leurs réalisations au régime nassérien, ne sont pas autre chose, en fait, que des satellites du grand capitalisme ou du communisme. Au contraire, la volonté d'indépendance nationale et le sentiment de poursuivre un but qui n'est réductible ni au communisme ni au libéralisme capitaliste, ont amené Nasser aux déductions les plus fermes et les plus spectaculaires. On n'empêchera jamais certains, bien entendu, de ramener la politique nassérienne à un simple marchandage, ni d'autres de l'expliquer par sa position géographique. Le fond du problème est tout autre. La netteté et la vigueur avec lesquelles Nasser maintient sa ligne politique n'ont pas d'autre explication que sa conviction que ce qu'il repousse à l'intérieur de son pays ne peut devenir sa protection et son espoir en dehors de ses frontières. Il veut faire échapper l'Égypte à toutes les formes de l'exploitation capitaliste : il en a conclu logiquement qu'il ne pouvait pas permettre au colonialisme de rentrer par la fenêtre après avoir été chassé par la porte, c'est-à-dire de réaliser par la diplomatie ce protectorat qu'il n'avait pas pu maintenir par l'occupation. De même, refusant le communisme parce qu'il est contraire à l'esprit et au génie de l'Islam, il refuse logiquement d'être un des pions du communisme sur l'échiquier mondial après avoir refusé de laisser le communisme s'installer sur le sol de l'Égypte.

Le *neutralisme* de Nasser n'est ni agressif ni machiavélique. Il ne fait pas payer aux Américains leur fausse manœuvre du barrage d'Assouan. Il ne louvoie pas d'un bloc à l'autre comme entre deux mats de cocagne où sont accrochés des pourboires. Il constate simplement qu'il ne peut être l'allié ni de l'un ni de l'autre : et il se refuse tout aussi bien à être l'ennemi de l'un ou de l'autre. Cette neutralité illustre le caractère du dessein qu'il réalise, elle convient à une nation qui refuse chez elle la démocratie ploutocratique aussi bien que la dictature marxiste. Elle s'accorde aussi avec les perspectives de son ambition : l'Islam n'appartient pas plus au monde démocratique qu'au monde communiste, il est par son essence et son implantation un véritable « troisième monde ». Quelle loi éternelle condamne l'Égypte à être désarmée parce que l'Amérique ne veut plus lui vendre des avions et des tanks ? Devant un refus qui a quelque chose de blessant, qu'est-ce que Nasser peut faire d'autre que d'acheter ces tanks et ces avions à la Yougoslavie qui veut bien les lui vendre ? Les tanks yougoslaves n'ont pas la peste et ne transportent pas le communisme comme une contagion. Où est-il écrit dans le ciel que les États-Unis ou l'Angleterre seuls ont le privilège de financer la construction des barrages ? L'argent russe arrive en compagnie de techniciens russes. Cela n'empêche pas les communistes égyptiens d'être en prison et les techniciens russes d'être aussi muets que des techniciens suisses. Rien de tout cela n'est un gage donné au communisme. L'Égypte a accepté des prêts allemands pour ses installations métallurgiques, des prêts britanniques pour ses installations textiles. Elle ne dépend de personne et elle n'est l'instrument de personne.

À vrai dire, l'Occident a largement aidé Nasser à définir cette sage politique. Nasser a tiré les conséquences des « sanctions » qu'on voulait lui imposer. C'est qu'un régime n'est pas défini seulement par lui-même, mais tout autant par ses adversaires. Et finalement ce sont les fautes et les préventions de l'Occident qui ont confirmé à Nasser que son régime était un « fascisme » et qui lui ont fait découvrir, en le conduisant pour ainsi dire par la main, cette loi de l'hétérogénéité et par conséquent de la neutralité du fascisme que les théoriciens découvraient vers le même temps par l'analyse.

Mais reconnaissons mieux encore dans le régime de Nasser des traits déjà sensibles dans le fascisme d'avant-guerre : et, en particulier, ce caractère plusieurs fois signalé du fascisme que l'inspirateur d'un mouvement fasciste porte en lui-même et fait porter à son peuple une certaine image de l'homme qui commande une certaine image du monde. Il y a dans tout fascisme une morale et une esthétique, mais cette morale et cette esthétique sont conquérantes, et par là, tout fascisme est une religion. Cette *mystique* fasciste, Nasser et ses amis l'ont trouvée dans l'Islam qui est leur passé et qui est aussi, au sens le plus large et le plus complet du mot, leur culture, c'est-à-dire non seulement ce qu'on leur apprend, mais ce qui correspond le mieux à leur nature et à leur instinct. La révolution nassérienne, ce n'est pas seulement « Égypte, éveille-toi », c'est la loi de Mahomet éveillant l'Égypte à la révolution nassérienne, c'est le Coran en marche. Car la révolte de Nasser, elle ne fut pas seulement contre l'occupation coloniale, mais elle fut aussi contre tout ce que cette occupation apporte, tout ce qu'elle représente : le règne de l'or, l'insolence du riche, le pouvoir des domestiques et des parvenus et toute cette parade du Veau d'Or qu'elle traîne après elle, ses boutiques luxueuses, ses palaces, ses paradis artificiels, son enseigne de courtisane. Car tout cela est condamné dans le Livre, ce sont les idoles de Mammon. Il y a dans le Coran quelque chose de guerrier et de fort, quelque chose de viril, quelque chose de romain pour ainsi dire. C'est pourquoi Nasser est si bien compris des Arabes : il leur parle la langue que parle leur race au fond d'eux-mêmes. Ce qu'il leur promet, ce n'est pas seulement l'indépendance, c'est une vie selon leur race et selon leur instinct. Aussi intraduisible, aussi inimitable que le germanisme hitlérien, la croisade de Nasser est limitée comme le national-socialisme aux hommes d'un seul peuple. Mais sa position géographique et le moment où elle se produit lui donnent une immense importance. De toutes les mystiques fascistes, elle est peut-être celle qui marquera le plus profondément l'histoire par ses conséquences durables.

Je ne sais même pas si l'on peut dire que la croisade de Nasser est limitée à un seul peuple. Car chaque peuple incarne tour à tour dans l'histoire les vérités dont l'humanité a besoin et c'est ce qui fait, à un moment, son prestige et sa puissance. Chaque nation lorsqu'elle parle, porte sa race avec elle, mais elle ne parle pas pour elle seule. Cette morale et cette esthétique que chaque fascisme porte avec lui passent ses frontières. Sa religion se répand comme toutes les religions. Et chaque religion remue en notre cœur des parties de nous-mêmes, que le triomphe historique de l'une d'entre elles atrophie ensuite, mais n'étouffe pas. Les devises que l'Égypte écrit sur son écu de jeune nation fière, elles résonnent à travers tout un continent parce qu'elles ont derrière elles un long passé d'histoire, parce qu'elles raniment des feux qui se répondent de colline en colline depuis le début de l'histoire des hommes.

« Ô Dieu, Tu aimes les forts, Tu détestes les faibles... » dit le serment que Nasser fit prêter à la foule le jour de la proclamation de la République. Ne nous étonnons pas que les peuples se réveillent à cette voix. Le christianisme les avait couchés, pareil à un vent millénaire. Ils sont les blés qui se redressent, dans leur été chaud, vieux comme les invasions. Et l'Occident ne reconnaît pas Sparte, ni les tentes de Darius.

L'Occident essaie de traduire péniblement dans la langue du XXe siècle ces signaux qui viennent d'un passé millénaire. Cet instinct soudain réveillé dans les reins des cavaliers du désert, quels mots, quelles images en sont chez nous l'équivalent ? Ils se lèvent en eux les soldats du Khalife, les Maures bottés contre les chevaliers chrétiens. Et ils rêvent du temps où, sur la plaine d'Arles, la visière baissée, ils étaient les égaux des Saint-Cyriens de Saint-Louis. Leurs palais leur montent à la tête, leurs jets d'eau rafraîchissent leurs fièvres, ils pensent aux princes aux jarrets souples qui marchaient sur leurs mosaïques. Les noms de Cordoue et de Grenade, c'est pour eux ce qu'étaient pour les jeunes allemands les noms de Charlemagne et de Conradin. Et ils se souviennent que l'empire arabe fut l'empire de la civilisation et de la beauté, et que les princes de leurs royaumes ne le cédaient en rien aux barons du Nord pour la justice et la courtoisie. Tel était le royaume des forts, tel était le royaume des guerriers. En ce temps-là, les usuriers n'étaient pas les maîtres et les légistes baisaient la babouche des émirs. Chaque chose était à sa place. Et la loi du Coran régnait qui veut qu'on écoute les sages, qu'on respecte la justice et qu'on honore ceux qui se conduisent comme des hommes pour la défense du Croissant. « Relève la tête, mon frère, les jours d'humiliation sont passés. » C'est le cri des Hébreux en marche après la captivité de Babylone. Le fascisme de l'Islam a un sens parce qu'il y a un passé de l'Islam. Les religions ne sont peut-être pas autre chose que cette présence d'un autre homme en nous. Ce qu'on appelle la *mystique* des mouvements fascistes, c'est ce réveil des cris de guerre perdus qui sommeillent au fond de nous, cet instinct obscur que tout pourrait être autre, avec d'autres vérités et d'autres dieux, des dieux oubliés des temps très lointains, des serpents à plumes gravés sur de vieilles pierres.

III - FIDEL CASTRO EST-IL FASCISTE ?

Pourquoi les fascistes qui reconnaissent, en général, sans difficultés le fascisme de Nasser sont-ils infiniment plus réticents sur le régime de Fidel Castro, et même très souvent résolument hostiles à la nouvelle république de Cuba ? L'origine des deux mouvements est cependant voisine. Il s'agit dans les deux cas d'une révolution nationaliste ayant pour objet de libérer le pays de la domination de l'étranger. Dans les deux cas, une dictature locale, un régime de concussion et de vénalité, une garde prétorienne, un système de terreur avaient été les instruments de l'exploitation capitaliste. Dans les deux cas, ce sont des hommes de la petite bourgeoisie qui conduisent le mouvement de libération, le peuple les appuie, les acclame au moment de la victoire, mais sans avoir joué un rôle décisif dans le combat et, dans les deux cas aussi, le désir d'indépendance économique et politique s'exprime par une position neutraliste encore plus logique et indispensable dans le cas de Cuba que dans le cas de l'Égypte, puisque le protectorat dont Cuba veut se débarrasser est un protectorat américain. Enfin, les deux régimes semblent bien avoir encore ce point commun, que leur action est un exemple et développe une mystique de libération qui s'étend largement au-delà de leurs frontières. Pourquoi dès lors avec tant de ressemblances, une identification instinctive et presque immédiate dans un cas, et une sorte de malaise, souvent même un refus dans l'autre cas ? Le fascisme ne va-t-il pas nous dévoiler, malgré lui, en cet exemple, la vérité qu'il n'ose pas s'avouer à lui-même ? Si nous nous demandons ce qu'est vraiment le fascisme, voilà une bonne occasion de vérifier la sincérité de sa vocation anticapitaliste.

Dans le spectrogramme du castrisme, commençons par constater que ce ne sont pas les couleurs elles-mêmes qui gênent les fascistes, mais une certaine manière dont ces couleurs ont *viré*.

Par exemple, les fascistes ont en horreur le colonialisme hypocrite des Américains. Ils trouvent très naturel que les peuples européens aient des colonies, car c'est un barrage sûr à l'implantation de régimes communistes : mais ils veulent qu'on appelle colonie ce qui est colonie, et ils voient avec ironie une nation anticolonialiste régner sur un pays qu'elle appelle *indépendant*, en s'arrangeant pour qu'il ne cultive jamais autre chose que de la canne à sucre et en se faisant par contrat l'acheteur unique de son sucre, fixant ainsi chaque année sa prospérité ou sa misère, l'équilibre de son budget, sa monnaie, ses achats, ses projets, son avenir, et le gouvernant ainsi par ce mors beaucoup plus sûrement qu'avec une armée. Voir Fidel Castro débarrasser son pays d'un dictateur hypocrite, d'une tutelle économique que les fascistes annoncent comme un danger pour l'avenir de leurs propres pays, ce n'est donc pas là ce qui peut les émouvoir. Que Fidel Castro ait ensuite répliqué à des pressions économiques par une résistance énergique, à des « sanctions » par des nationalisations, à des interventions par des expulsions et au garrot par un coup de tête à la suite duquel il a essayé de vendre aux Russes le sucre que les Américains le menacent de ne plus lui acheter, ce sont là des développements qui ne sont pas plus à condamner que les gestes analogues auxquels Nasser a été contraint par la politique absurde de Foster Dulles.

Qu'est-ce qui inquiète les fascistes alors dans cette ligne politique qu'ils devraient approuver ? Il me semble que c'est une atmosphère malheureuse, une suite trop rapide des coups, un entraînement qui donne l'impression que Fidel Castro n'est plus aussi maître de sa politique neutraliste que Nasser l'est resté de la sienne et qu'il est parti, en quelque sorte, *à la dérive*, dans une partie grave pour lui et pour d'autres, au cours de laquelle il donne maintenant des coups désordonnés dont les effets ne sont plus exactement calculés. Ce n'est donc ni Fidel Castro lui-même ni la révolution castriste qui inspirent les réserves et la méfiance des fascistes, c'est *l'esprit* actuel de sa politique et de ses méthodes de gouvernement.

D'autres aspects du castrisme vont nous permettre de préciser cette impression. Une des différences remarquables entre la révolution de Nasser et le castrisme, c'est que le régime nassérien est issu d'un *putsch* militaire et celui de Castro d'une guerre de maquis. Cette différence ne suffit pas à classer l'Égypte parmi les pays fascistes et Cuba parmi les pays antifascistes. Une révolution fasciste peut naître du maquis, aucune raison ne s'y oppose *a priori*, et la Libération en France, par exemple, aurait pu amener, aurait dû amener, selon certains de ses acteurs, un régime fasciste et il est possible qu'elle ait été un fascisme avorté, nous en parlerons un autre jour. Il est certain, toutefois, que tous les régimes fascistes, à l'exception du national-socialisme, sont nés d'un coup de force, souvent fomenté par l'armée, toujours vu par celle-ci avec sympathie, en tous cas, et ce trait commun n'est pas indifférent. Il met en relief cette caractéristique importante du fascisme que le fascisme est un moyen de salut *qu'on impose au peuple*. Même lorsqu'il est résolument socialiste, même lorsqu'il est, par certains aspects, démagogique, même lorsqu'il procède au partage des terres, à la nationalisation des citadelles économiques, à la confiscation des fortunes mal acquises, mesures de démarrage qu'on retrouve aussi bien au début des vrais fascismes qu'au début des démocraties populaires, le fascisme fait tout cela *sans tolérer le désordre et l'anarchie*, il impose ces mesures, il en contrôle le déroulement et la cadence, *il ne permet jamais au peuple de déborder et de conduire*.

C'est une des raisons pour lesquelles une des constantes du fascisme authentique est de ne rien supporter qui ressemble à une épuration anarchique et sanglante. Un État fasciste met ses ennemis en prison, il peut devenir un État policier, il risque certes de le devenir, mais dans un tel régime, c'est toujours l'État en définitive qui décide quels sont ses ennemis, qui frappe, qui discrimine, qui jugule : tandis que l'apparition des tribunaux du peuple, les cours martiales improvisées, les exécutions illégales, les massacres et les confiscations distribuées au hasard, enfin l'improvisation haineuse et humanitariste qui caractérise toutes les épurations, révèlent une révolution débordée, bousculée par des bandes, charriée par la populace et par conséquent entraînée aveuglément, échappant à tout contrôle, à tout *ordre*, et exposée à toutes les aventures.

Là encore, ce ne sont ni la personne de Fidel Castro, ni son idéologie, ni ses intentions, et pas davantage ses réformes qui sont en cause : qu'il distribue les terres, qu'il confisque les fortunes acquises par la corruption ou l'exploitation, qu'il rogne les griffes des puissants, qu'il baisse par décrets les prix des loyers, qu'il rembarque les milliardaires de Floride et qu'il saccage leurs chasses gardées, qu'il mette ses adversaires hors d'état de nuire, qu'il leur demande des comptes, parfait. Mais on voit mieux aussi ce que sont cet *esprit* et ces *méthodes* qui sont étrangers à l'optique fasciste. Fidel Castro ne contrôle pas, ne *conduit* pas : ni *führer*, ni *duce*, ni *caudillo*, ni *conducator*, mais assis auprès du peuple, au milieu du peuple, le regardant faire. Ne voulant même d'abord être président de la république, ni président du conseil, mais regardant le peuple qu'il a libéré, avec confiance, avec joie, comme un père regarde ses enfants faire un tour de chevaux de bois. Regardant faire le peuple, parce qu'il a confiance dans le peuple. *Le fascisme n'a pas confiance dans le peuple*, voilà ce que nous révèle l'analyse des réactions fascistes à l'égard de Castro. Le fascisme, le vrai, veut la force du peuple et le bonheur du peuple, au moins cette sorte de bonheur qui lui permet d'avoir la force, il aime le peuple, mais il n'a pas confiance en lui, il l'aime en le protégeant, il refuse de le laisser faire, il ne sait pas où cela mène de le laisser faire et il craint que cela ne mène la plupart du temps à quelque forme imprévue de la servitude.

Par ce goût fondamental de *l'ordre*, de l'ordre dans le socialisme, de l'ordre dans la politique la plus « gauchiste », et même la plus communiste, si elle est la meilleure à ce moment-là, de l'ordre dans la répression, le fascisme montre qu'il est essentiellement, comme les théoriciens marxistes l'ont très bien vu, un *mouvement de classe*.

Le fascisme, comme Louis XVIII, octroie, concède, ordonne : il ne se laisse pas arracher ce qu'il donne. Ce n'est pas une clause de style, c'est une affaire capitale. Les révolutions fascistes sont des révolutions de petits bourgeois qui ont le sérieux que les instituteurs, les agents-voyers, les quincailliers mettent dans leurs affaires et dans leur vie. Cette classe proche du peuple a le sentiment de la justice, et elle ressent, plus fortement peut-être que le peuple parce qu'elle est plus cultivée, les modes de l'exploitation capitaliste. Mais elle répugne au nivellement populaire et plus encore à ces cohues que le nombre domine, que le hurlement conduit, que l'hystérie soulève comme un ouragan. L'apparition des faces inquiétantes de ce que Marx appelait le *lumpenproletariat* lui fait peur : cela signifie le pillage des vitrines et l'invasion des appartements. Elle a horreur de la chienlit, des masses déchaînées, du maelstrom humanitariste et du déferlement de sottise et de bassesse qui les accompagne. C'est ce mélange qu'elle appelle le *front populaire*, et c'est ce qui lui déplaît dans le *castrisme*. Par cette répugnance instinctive, les fascistes avouent un aspect fondamental non pas de leur doctrine, mais de leur tempérament. Et ils prouvent ainsi que le fascisme, mouvement révolutionnaire par choix, par principe, est *en même temps*, et peut-être sans le savoir, la forme la plus *anti-révolutionnaire* de l'action politique.

*

Comment cette répugnance fondamentale s'accorde-t-elle avec le socialisme fasciste ? Le raccord est sensible mais il faut cependant quelque attention pour le percevoir. Ce mélange de méfiance instinctive et de générosité doctrinale a produit un petit parasite qui prolifère sur presque toutes les doctrines fascistes et qui est *l'ouvriérisme*. La fierté des groupes néo-fascistes de posséder des *ouvriers* parmi leurs militants ou leurs cadres, la confiance avec laquelle ces ouvriers sont écoutés, la sympathie toute particulière qu'on leur manifeste, enfin la conviction naïve que *l'ouvrier a toujours raison* et que *la réaction de la base* est nécessairement juste, sont les signes par lesquels se manifeste le plus souvent ce complexe de classe du fascisme. Seul en vérité ce complexe peut expliquer cette prédilection aberrante. Quelqu'un qui appartient au milieu ouvrier, qui en partage la vie, sait au contraire que l'ouvrier est sujet aux mêmes erreurs que les autres hommes et que sa vie n'est bien souvent ni plus sainte ni plus édifiante que celle des autres, ce qui est l'évidence même. Mais cette volonté de faire confiance, cette croyance en l'ouvrier ont quelque chose de généreux, de fraternel. C'est par là qu'elles plaisent au militant fasciste qui ne voit pas que cette main tendue est au contraire la preuve qu'il est différent.

Cette tendance ouvriériste est même tellement significative qu'elle finit par survivre au socialisme et qu'elle est observable dans de faux fascismes qui ne couvrent plus que le pouvoir de l'argent. Elle est un des traits d'un certain gaullisme de gauche, par exemple, et elle était déjà un des traits de *l'Action Française*, qui faisait défiler comiquement douze mineurs du Pas-de-Calais en tête du cortège de Jeanne d'Arc. Au contraire, dans les mouvements fascistes à recrutement ouvrier, aux débuts du doriotisme, par exemple, dans le « rayon de Saint-Denis » *l'ouvriérisme* n'a jamais eu cours.

C'est que le socialisme véritable n'a rien à voir avec le recrutement. Et il n'est pas lié davantage à la sympathie exclusive pour le manœuvre-balai et au respect de la métaphysique du lampiste. C'est une doctrine de justice qui réclame une juste part pour le manœuvre-balai et le lampiste, voilà tout. Mais l'idée de faire la cour au manœuvre et au lampiste et surtout de considérer qu'ils détiennent en vertu de leur état le privilège de juger plus sainement, c'est un héritage des fabulations démocratiques dont le fascisme a tout intérêt à se séparer radicalement, dont son essence est même de se séparer radicalement. Le socialisme fasciste est donc un socialisme autoritaire par sa nature même et par conséquent il est nécessairement un *socialisme antidémocratique*. Et ce caractère semble même un des caractères *dominants*, comme disent les naturalistes, non seulement de la doctrine, mais surtout de l'*animal* fasciste.

C'est pourquoi l'anticommunisme est une pièce majeure de tout ensemble fasciste. Car le communisme qui ressemble souvent au fascisme par ses méthodes et ses positions, en est radicalement différent par plusieurs points et notamment par sa référence primordiale à la dictature du prolétariat. Le communisme est par là l'aboutissement de la démocratie. Le fait que l'ouvrier, dans les régimes communistes, est devenu un esclave au service du pharaonisme du parti ne doit pas nous faire oublier que, dans la phase de la conquête du pouvoir, le communisme compte essentiellement sur le déchaînement anarchique des masses pour établir sa puissance. Sous les métaphores de la grève générale, de l'insurrection, des groupes armés d'ouvriers et de soldats, c'est toujours finalement l'improvisation de la terreur que le communisme recherche par le déchaînement de la violence irresponsable, les visites domiciliaires, les comités d'immeubles, toutes formules qui consistent à faire surgir de la colère anarchique de la base exprimant la *volonté du peuple* une situation de désordre, d'incohérence ou de paralysie que le parti exploite ensuite en apparaissant comme une expression organisée et par conséquent salvatrice de la prise du pouvoir par le prolétariat. Tout ce mécanisme postule que la *volonté du peuple* réside essentiellement dans les éléments les plus bruyants, dans les consciences les plus sommaires, dans les pétroleuses les plus véhémentes, dans la section des Piques, dans la population des bidonvilles : tel est le vase d'élection de la *volonté du peuple* et le reste du peuple subitement n'est rien, il ne compte plus dans l'expression de la volonté du peuple — il est même pire que rien, il devient l'expression d'une tendance contre-révolutionnaire. Le désordre, la rupture, le déferlement, la chienlit meurtrière et hurlante sont alors la preuve que la *volonté du peuple* s'exerce enfin sans obstacles, sans les obstacles dont les gouvernements bourgeois l'entourent habituellement. Et en même temps, ils deviennent par conséquent le signe auquel on la reconnaît.

Tout gouvernement pro-communiste, ou, du moins, miné par le danger de virer au communisme, c'est cela que nous apprend l'expérience castriste, se reconnaît donc à son indulgence sympathique pour tout ce qui rappelle ou annonce ces formes anarchiques de la volonté populaire, à sa secrète complicité avec elles. Un régime qui reconnaît à la base une infaillibilité qu'elle n'a pas, qui se laisse conduire et veut se laisser conduire par elle, au lieu de fixer son destin, repose sur les principes les plus contraires au fascisme, risque de faire en définitive le jeu du seul communisme et avoue en même temps qu'il n'apporte aucune idée nouvelle puisqu'il empoisonne tout, sa propre politique et aussi le peuple, avec le principe de mort que portent les démocraties.

Est-ce pour cette raison que le *castrisme* a moins d'influence dans les pays américains que le *nassèrisme* dans les pays arabes ? C'est peu probable. Les hommes d'État peuvent être sensibles au danger du *style révolutionnaire* adopté par Fidel Castro, et cela peut les retenir, comme bien d'autres raisons encore. Mais l'opinion, surtout cette opinion violente, imaginative, des pays neufs, ne perçoit sûrement pas ce bruit de moteur emballé. Qu'est-ce qui explique donc cette hésitation qu'on devine malgré la curiosité, la sympathie pour l'aventure de Castro ? Justement ce qui manque à Fidel Castro et qui fait la force de Nasser, ce qui désarme Fidel Castro en face du communisme et ce qui est l'arme de Nasser contre le communisme : Nasser, appuyé sur le Coran, non pas comme sur une religion seulement, mais comme sur une *culture*, ressuscite tout un pan de l'histoire du monde et s'adresse à ce qu'il y a de plus profond dans chaque musulman ; l'avenir qu'il rêve, la vie qu'il veut, la puissance qu'il réclame sont l'avenir, la vie, la puissance auxquels chaque musulman aspire de toutes ses forces, avec tout son instinct, tandis que Castro n'apporte rien de pareil, il arrive les mains vides, ne portant qu'un mot magique, celui de *libération*, boule de cristal merveilleuse dans laquelle il n'y a rien, qui parle seulement de vie meilleure, de salaires honnêtes et de justice, et c'est immense pour ces millions d'esclaves des pays d'Amérique, mais il n'y a rien au-delà de cet appel, rien qui réveille ces énergies inconnues, ces puissances ténébreuses, cette conscience au fond des reins, au fond du sommeil, qui est tout l'homme. Finalement, Castro, avec son idéal, ne dit pas autre chose que George Washington, et Bolivar l'avait dit avant lui. Et tout cela n'est qu'une voix dans le désert et on ne sait jamais comment l'écho de l'histoire la répercute : tantôt l'écho répond Péron, tantôt il répond Kerensky. Et cela nous rappelle aussi qu'il n'y a pas de *fascisme* authentique là où il n'y a pas une certaine conception originale de l'homme et de la vie, et même plus exactement, résurrection d'une certaine image de l'homme qui surgit soudain du fond des temps comme ces reliefs de la mer que le déluge a recouverts mais qu'il n'a pas effacés : l'homme germanique dans le fascisme allemand, le légionnaire romain dans le fascisme italien, le guerrier maure dans le fascisme arabe. Le fascisme, c'est une civilisation qui reparaît.

Ce n'est donc pas parce que le frère Raul va à Moscou, parce que Che Guevara est marxiste, encore moins parce qu'on a distribué les terres et exproprié les sociétés américaines que nous ne voyons pas en Fidel Castro l'inspirateur d'un fascisme des mers du Sud. Ce qu'il a fait, ce qu'il a dit, nous a parfois donné de la sympathie pour lui. Et nous avons pu souhaiter que les États-Unis, au lieu de songer à débarquer des *marines*, comprennent que le meilleur moyen d'assurer leur protection est de gagner la sympathie de ces peuples qui prennent conscience d'eux-mêmes. Ce n'est pas seulement le *style* de Fidel Castro qui nous inquiète, et par quoi nous le sentons différent de nous. Mais à mesure que le castrisme s'affirme, tout ce qu'il tolère, tout ce qu'il *préfère*, nous éloigne. Il y a dans le *castrisme* quelque chose de malsain qui est le contraire même de ce vent salubre qui devrait suivre les batailles gagnées. Les monstres politiques ne tardent pas à grouiller sur ces maremmes. Et nous craignons qu'un jour des développements que Castro lui-même ne pourra plus contrôler, ne le placent dans le camp que nous sommes forcés de combattre pour survivre.

IV - LES FASCISMES INATTENDUS

Continuons notre enquête. Rien n'est plus répandu que le fascisme. On le trouve sous les plumages les plus inattendus.

Si nous connaissions mieux les éléments divers qui composent le F.L.N., peut-être serait-on amené à regarder certains d'entre eux comme des prosélytes algériens du *nassérisme*. Mais les nécessités de la guerre n'ont-elles pas déporté vers le marxisme un mouvement originellement différent ? L'alliance soviétique et chinoise n'est pas gratuite : elle ne réussit pas à prendre des gages sur les pays forts, mais n'est-elle pas redoutable pour des groupes qui luttent, qui ont besoin d'aide et de patronage et qui en auront encore besoin pendant longtemps ? Les Français d'Afrique du Nord peuvent trouver un jour un terrain d'entente avec des hommes inspirés de l'esprit nassérien. Il n'y a aucun compromis possible, en revanche, il n'y a pas d'autre solution que la guerre, si les hommes de Moscou ou ceux de Pékin prétendent s'installer à Alger.

Que de questions ne poserait-on pas en passant en revue des régimes récents et en se demandant pourquoi ceux qu'on appelle les fascistes les regardent avec sympathie ou pourquoi ils s'y refusent ? Le matin, au petit déjeuner, notre journal nous apprend le nom de quelque colonel qui vient d'abattre au cours de la nuit une démocratie vermoulue. Faut-il pleurer sur le vieux général qu'on enferme dans son palais, ou faut-il accueillir avec satisfaction le capitaine d'aviation qui devient brusquement ministre de l'Instruction publique ? La fièvre du fascisme fait surgir soudain d'étranges maîtres des peuples. Tantôt le fascisme est incarné par un vieillard têtu qui survit à toutes les tempêtes, tantôt il apparaît sous les traits d'un dictateur inattendu dans lequel les fascistes hésitent tout d'abord à se reconnaître. Valera en Irlande, Malan en Afrique du Sud, Tschombé au Congo, Hammani Diori au Niger, les régiments insurrectionnels du Laos, l'opposition radicale au Japon, le régime de Kassem en Irak sont des escadrons ou des voltigeurs plus ou moins détachés de la nébuleuse fasciste et, comme les écuyers de Malborough dans la chanson, portant, l'un son grand casque, l'autre son baudrier.

L'analyse de ces versions locales ou personnelles du fascisme risque de nous entraîner un peu loin. Et sur des sables parfois un peu mouvants. Ne signalons donc que pour mémoire ces boutures inattendues éparses dans un monde battu des grands vents qui portent les graines.

*

C'est beaucoup plus près de nous, c'est à nos pieds, c'est devant nos yeux mêmes que nous allons voir le fascisme se dresser en pied, frais, naïf, juvénile, pimpant, méconnaissable, et tel qu'à travers elle la jeunesse le salue.

Deux gracieux élèves frais émoulus de l'Ecole Nationale d'Administration ou de l'Ecole des Sciences Politiques, je ne sais plus, ont publié, il y a un an environ un petit livre qui fut fort loué par leurs maîtres et poliment accueilli par les pontifes du temps : ce petit livre se présentait comme le manifeste officieux du mouvement *Patrie et Progrès*, léger esquif qui se laissait ballotter hardiment en tous sens sur la pointe des vagues de la mer politique et sur le bordage duquel des yeux exercés prétendaient lire toutefois le nom d'un port d'attache très républicain. Hélas ! il est bien difficile de dissimuler que, dans cette aventure, c'était la face hideuse du fascisme qui s'avançait péremptoirement, bénie, le croirait-on, sur sa droite et sur sa gauche, par de doctes hochements de tête.

Voici donc ce que disent les jeunes espoirs de la technocratie. Ils constatent pour commencer que le capitalisme libéral est battu d'avance dans la bataille défensive qu'il entreprend contre le communisme. Il ne peut se sauver, affirment-ils, que par un socialisme autoritaire, qui resterait tolérant, et qui constituerait une formule politique originale qui ne se rattacherait ni à Washington, ni à Moscou. Cette équation fondamentale du néo-fascisme, nos jeunes technocrates, bons élèves du cours d'économie politique, la développent par les suggestions suivantes : réformer le système économique capitaliste, contraindre les parasites au travail, remettre dans le circuit de la production les revenus confisqués annuellement par les rentiers installés en grappes sur les vieilles branches de notre économie.

Il n'y a rien assurément dans ce programme qui épouvante les fascistes. Fiers de leur formation administrative, nos jeunes technocrates ajoutent des suggestions précises. Et c'est par les influences que ces suggestions révèlent qu'elles sont particulièrement intéressantes. Le capitalisme libéral, constatent-ils, aboutit à une production désordonnée et surtout à un système de distribution anarchique reposant sur la frénésie de la vente à tout prix. Cette situation est d'autant plus dangereuse que certaines industries de base importantes sont de véritables propriétés privées et que leurs investissements, essentiels dans le plan de l'économie nationale, sont dirigés en fonction du profit qu'on en escompte et non en fonction de l'intérêt national. Le pouvoir qui se trouve entre les mains de ces barons de l'industrie se combine avec la puissance des grandes banques d'affaires pour former une féodalité qui monopolise les secteurs avantageux et sûrs de la production dont elle fait autant de chasses gardées qu'elle exploite à sa guise. Au lieu de distribuer, ces féodaux de l'économie s'emploient surtout à créer des besoins factices par une publicité intensive et ils faussent ainsi l'économie toute entière en consacrant une part importante de la production à un gaspillage profitable à leurs intérêts. Ils sont aidés dans cette besogne par les détaillants pour lesquels la plupart des commerces sont devenus des « offices » leur permettant de prélever un confortable bénéfice automatique en échange de l'achat de leur « charge ».

Dans la description de ce mécanisme, on reconnaît l'écho des thèses développées par Sauvy, Alban Chalendon et quelques autres. Quel est le remède de nos jeunes technocrates ? Il consiste à substituer partout les décisions d'un État autoritaire aux improvisations anarchiques du capitalisme libéral. Les capitaux libres, déclarent nos théoriciens, constituent un énorme réservoir de puissance dont on ne peut pas laisser la possession à n'importe qui : ils ne sont pas plus une propriété privée, disait énergiquement José Antonio, que l'eau de nos rivières et de nos fleuves. Les investissements seront donc dirigés et contrôlés par l'État, les banques d'affaires seront nationalisées, la publicité privée sera un service public, les monopoles seront brisés, les grandes entreprises qui gèrent en fait nos industries de base essentielles deviendront la propriété de l'État : et cela ne changera pas grand'chose à leurs modes de gestion, remarquent pertinemment nos théoriciens, car elles sont déjà gérées comme le sont les entreprises nationalisées.

En quoi ce programme peut-il gêner un fasciste ? Ces bons élèves de M. Sauvy sont aussi d'excellents élèves de José-Antonio Primo de Rivera. Ils ne font qu'appliquer à la situation actuelle de notre économie des principes définis depuis longtemps. Ils ne nous troublent même pas lorsqu'ils proposent que le distributeur devienne un salarié : si celle transformation ne consiste pas à sacrifier les commerçants indépendants aux trusts et si elle ne les immole pas non plus aux rêves altiers des technocrates, nous ne voyons pas pourquoi un État organisé respecterait un certain nombre de petits blockhaus à partir desquels le tireur individuel fait confortablement des cartons sur le consommateur. Nous accuserions plus volontiers nos auteurs de timidité, nous allons voir pourquoi.

La dignité des ouvriers est froissée à chaque instant par des inégalités que rien ne justifie, continuent très bien nos réformateurs, citant encore sans le savoir José-Antonio : « ce n'est pas en distribuant des vélomoteurs que l'on vaincra les communistes, c'est en confisquant les villas, les voitures, les yachts de M. Boussac, c'est en envoyant aux champs ou à la mine, pour quelque temps, certains habitués de Saint-Germain-des-Prés, certains garnements du 16ᵉ arrondissement. » Paroles fermes, saines intentions. Et qu'est-ce que dit la suite ? Nous allons entendre parler, sans doute, de service de travail, de rafles des oisifs, de bataillons de choc des barrages et du bâtiment ? Rien de tout cela. Les satisfactions qu'on accordera à l'homme de sept heures du matin respectent une stricte orthodoxie. On lui assure la justice fiscale sans dire comment, l'égalité devant l'enseignement en reconnaissant qu'elle est chimérique, une formation par l'État des cadres syndicalistes, idée beaucoup plus neuve, inspirée des expériences suédoises et israéliennes, un surloyer bloqué au profit de l'amélioration de l'habitat, enfin une augmentation des allocations familiales à condition qu'elle n'accroisse pas, ainsi le veut M. Siegfried, la somme des signes monétaires en circulation. Ce programme révolutionnaire est sage, mais il est un peu tiède. Je doute qu'il amène M. Boussac à ne plus se promener qu'en vélo-solex pour n'insulter à la pauvreté de personne.

Nos jeunes légistes sont sur la bonne voie, assurément, mais ce sont de jeunes légistes prudents. Ils craignent ce qu'on leur a appris à craindre, l'arbitraire fasciste qui est pourtant le pouvoir auquel ils font appel et le spectre de l'inflation qui menace toujours les progressistes qu'ils voudraient bien être. Alors ils font une curieuse salade d'énergie et de légalité, se refusant au nom de l'orthodoxie de la rue St-Guillaume les moyens qu'ils proclament indispensables, reprenant d'une main ce qu'ils donnent de l'autre, vitupérant le capitalisme sans oser aller jusqu'à l'étrangler et proclament le socialisme autoritaire à condition qu'il ne soit ni vraiment autoritaire ni complètement socialiste. De leurs audaces d'agrégés en herbe, retenons donc surtout une direction. Leur livre exprime un espoir, un espoir courageux et sympathique, et il est bien singulier que cet espoir soit si proche des formules de ce qu'on appelle le fascisme.

Plus que leurs recettes, c'est, en effet, leur conviction qui nous importe et leur vision de l'avenir. Et je suis frappé de les trouver si proches de tous ceux que je baptise fascistes en quelques phrases où ils expriment des vœux plutôt que des solutions. « Un socialisme original, disent-ils pour définir l'objet qu'ils se proposent, un socialisme original qui mette fin à l'exploitation capitaliste sans renoncer à l'indépendance ». Et ils précisent leur choix en des termes qui nous sont familiers depuis longtemps : « Nous ne nous sauverons pas en emboîtant le pas aux Américains dans l'*american way of life*. » Et encore : « Le débat est entre la volonté de puissance et la volonté de confort ». Gœring ne disait pas autre chose, ni Staline. Le langage de la rue Saint-Guillaume ne change rien à l'affaire. C'est la même idée qu'ils expriment avec d'autres mots quand ils constatent : « L'anarchie du profit règne quand ce devrait être l'ordre des besoins. Ce beau gâchis est pudiquement masqué par le voile de la démocratie et de la liberté individuelle, valeurs suprêmes auxquelles les Occidentaux croient de moins en moins eux-mêmes. »

Et ils ont bien vu aussi, ils ont été les premiers à voir les *solutions originales* qu'un tel socialisme propose pour les problèmes actuels et que les textes et motions des groupes fascistes avaient été jusqu'à présent les seuls à esquisser. « Ce socialisme national, disent-ils, est la seule réponse au défi racial des pays sous-développés... En Algérie (la véritable solution) est une révolution kémaliste dirigée essentiellement contre le capitalisme français et faite par un parti socialiste groupant européens et musulmans... La cohésion des États multi-raciaux, fondée autrefois sur la fidélité au Régime ou à la Dynastie, ne peut de nos jours s'établir que sur la Doctrine et le Parti. » Et ils ne pensent pas non plus autrement que ces fascistes si éloignés d'eux en apparence lorsqu'ils jugent que la véritable menace qui pèse sur l'Occident, n'est plus ou n'est plus seulement la menace des armes russes, mais tout autant « l'inquiétante diminution de l'influence occidentale dans tous les pays non blancs et l'essor industriel de l'U.R.S.S. », que l'économie planifiée est un instrument plus efficace et plus sûr que la guerre au double visage et qu'une offensive économique puissante est une opération militaire comme une autre, dont l'Occident peut sortir les reins brisés.

Ainsi parlent nos nouveaux penseurs, en s'adressant, circonstance aggravante, aux jeunes officiers de l'armée d'Algérie. Qu'est-ce que cela prouve ? Que le fascisme est plus répandu qu'on ne le dit généralement ? Je le pense. Je crois même qu'un socialisme autoritaire, tel qu'il est défini ci-dessus, rallierait une grande partie de l'opinion. Je présume aussi que l'expérience de *Patrie et Progrès* est un signe et qu'elle ne sera sans doute pas seule en son genre. Félicitons-nous donc de ce symptôme. Et souhaitons bonne traversée à ces nefs nouvelles du fascisme qui se risquent au long des côtes comme les mouettes des temps nouveaux.

Mais ces images nouvelles du fascisme, ces versions transplantées et peut-être profondément transposées de la parole fasciste — il y a eu celle-là, il y en aura d'autres — comment pouvons-nous avec sûreté les reconnaître comme nôtres ? Que ferons-nous si quelque audacieux corsaire de la démocratie s'empare de nos navires, s'il met sa marque sur les mâts et s'il nous dit : « Vous voulez le socialisme, je socialise et je nationalise, vous voulez des confiscations, je confisque, vous voulez de l'autorité, voici mes gendarmes et mes camps. Suivez-moi donc, puisque je porte ce fouet qui siffle et que vous attendiez. »

Car il se lèvera de faux prophètes. Il est si simple de chausser les bottes du mort et de brûler ses bûches pour se faire un bon feu. Pourvu que le mot de *fascisme* ne soit jamais prononcé, les candidats au fascisme ne manquent pas. Ils se déclarent les défenseurs de la liberté, et ils remplissent les prisons au nom de la liberté. Ils pataugent à plaisir dans la bouillie socialiste parce qu'ils croient qu'elle amortit les bruits de bottes. Et pour sauver leurs privilèges, leur butin et leurs somptueuses prébendes, ils sont tout prêts à recourir à la dictature, aussi nationale, aussi sociale, aussi virile, aussi sociale et nationale qu'on voudra : *à la seule condition que ce soit les hommes de confiance du libéralisme et de la ploutocratie qui soient chargés de l'appliquer.*

La définition du fascisme ne saurait donc esquiver cette question de personnes, car à l'avenir elle sera peut-être la question essentielle. Il est déjà prévisible que, dans un temps assez proche, les États qui voudront se défendre contre le communisme ne pourront plus le faire en restant des démocraties libérales et qu'ils devront changer profondément leurs structures et leur régime. Sous un autre nom, ils se modèleront nécessairement sur l'État fasciste. Mais il y aura alors de *faux fascismes* et de *vrais fascismes*, car on peut toujours proclamer des principes et les trahir dans l'action : et la différence sera dans l'*esprit* qui animera ces régimes, c'est-à-dire en définitive, dans la sincérité des hommes qui gouverneront.

Existe-t-il un moyen de s'assurer qu'un homme est un fasciste sincère et qu'il sera un ministre désintéressé de ceux qui l'ont choisi ? Il n'y en a aucun, en vérité : mais il y a des présomptions. Il est certain que le fait d'avoir été un confesseur de l'hypocrisie libérale et humanitaire ou d'avoir figuré parmi ses prébendiers, chanoines et porte-queues ne recommande pas tout spécialement un catéchumène à la confiance des honnêtes gens. Il en est de même pour les serviteurs, conseillers et lévites des citadelles capitalistes, qui leur doivent leur fortune et leurs privilèges, ainsi que pour ceux de la Synagogue : on peut croire à leur ingratitude, mais elle n'est ni solidité ni vertu, et leur apostasie sera toujours suspecte. Les opportunistes, les serre-fesses qui n'ont jamais eu le courage de leur opinion, les « résistants de septembre », les faisans de tout plumage, les cagots doucereux et modérés, les carriéristes et hypocrites, les beaux parleurs avantageux font partie, eux aussi, d'une faune que nous ne connaissons que trop et qu'il est peu souhaitable de revoir à l'œuvre. En somme — et il est presque superflu de le dire — le fascisme rejette les revenants et les déchets de notre passé.

Il naîtra de faux fascismes. Car la démocratie est fourbue. Dans son agonie, elle aura des sueurs et des cauchemars : et ces cauchemars seront des tyrannies brutales, hargneuses, désordonnées. Il y aura des fascismes de l'antifascisme. Il y aura des « dictateurs de la gauche ». Et nous verrons s'élever au nom de la défense des républiques des régimes qui auront pour maxime de refuser la liberté aux « ennemis de la liberté ». Nous le savons. Et c'est pourquoi nous savons aussi que c'est mensonge et vanité de définir le fascisme par des caractères extérieurs. *La suppression de la liberté, les arrestations arbitraires, les camps de concentration, la torture qu'on prétend rejeter sur le fascisme, sont tout aussi bien et tout aussi souvent le propre des régimes dirigés contre le « danger fasciste »*. Tous les caractères extérieurs par lesquels les adversaires du fascisme le définissent, ils se retrouvent ou peuvent se retrouver dans les régimes antifascistes : c'est qu'ils ne définissent pas le fascisme qui, finalement, est une manière de réagir, un tempérament, une manière d'être, incarnée dans un certain type d'hommes.

C'est ce type d'hommes, c'est cette attitude devant la vie qui, au fond, *commandent* toutes les réactions fascistes et les formes, diverses selon les peuples, que le fascisme a prises et prendra dans l'histoire. Là où ces hommes dirigent, là où leur esprit inspire l'action de pouvoir, il y a un régime fasciste. Au contraire, lorsqu'ils sont persécutés ou combattus, quoi qu'on vous dise et quelque bruit que fasse la trique en tournoyant, reconnaissez les signes de la décomposition, de la décadence et le règne de l'or et des pharaons de l'étranger. Voulez-vous reconnaître à coup sûr et instantanément le faux fascisme ? Vous le reconnaîtrez à ces signes : il emprisonne au nom des droits de la personne humaine et il prêche le progrès, mais il respecte les milliards et les banques sont avec lui. Ne cherchez pas plus loin. Vous verrez quelques mois plus tard le faux fascisme faire la chasse au courage, à l'énergie, à la propreté. Il vous dévoilera ainsi son vrai visage. Il a besoin d'esclaves assez abrutis pour ne pas trop sentir leur collier.

Le fascisme n'est pas une doctrine : c'est une volonté obscure et très ancienne écrite dans notre sang, dans notre âme. S'il est différent pour chaque nation, c'est que chaque nation a une manière à elle de se sauver. Elle le trouve au plus profond d'elle-même. L'idée fasciste ne peut donc être greffée, implantée au hasard sur n'importe quelle conscience. On ne peut pas arroser avec elle n'importe quelle plante. Mais ceux qui *portent* l'idée fasciste, ce sont ceux qui sentent plus fortement que les autres, plus désespérément que les autres, cette manière de se sauver, ce secret de vie et de santé que chaque espèce zoologique garde comme un instinct au plus profond de sa conscience. C'est cela qu'il y avait de vrai dans le *racisme* allemand. Il y a des hommes que la pureté de leur descendance, que leur enracinement au sol, que leur immobilité géographique pendant des siècles, leur immobilité de plante, rendent plus propres que les autres à sentir ce secret de vie et de sagesse qui vient du passé : c'est une raison pour les préférer, ce n'est pas une raison pour détruire *les autres*, bien entendu. Et cet instinct de ce qui est noble et sain, de ce qui est salutaire, cet instinct que la nature, que la sève a mis en nous, mais qui dort, qui ne s'éveille que pour quelques-uns, qui n'est une voix impérieuse que pour un petit nombre, c'est ce qui explique aussi que le fascisme se reconnaisse si fatalement en un homme providentiel. Cet homme providentiel, la doctrine fasciste ne dit nulle part qu'il est indispensable, et la logique fasciste n'affirme pas non plus qu'il soit nécessaire, on pourrait très bien se passer de lui, mais en fait, on attend et on écoute celui qui sent en lui-même avec plus de force que les autres cet instinct que la race a mis en chacun de nous, on attend et on espère que l'un des enfants d'Israël recevra le don de porter la Parole de Dieu.

Ainsi de cet instinct qui doit être bon par lui-même puisqu'il est le réveil des qualités et des divinations que la nature a mis en nous pour survivre naît un prophète qui n'est pas toujours bon. Par là, prenons conscience de cette particularité grave du fascisme. Plus que toutes les autres politiques, il est un pari. Et ce pari peut être mortel, car toutes les tentatives qu'on peut faire pour contrôler le pouvoir central, pour l'éclairer et l'encadrer, se heurteront toujours à ce dilemme : ou bien le pouvoir est fort et les freins qu'on invente risquent d'être inefficaces, ou bien les freins fonctionnent et le pouvoir risque de n'être plus un pouvoir fort. La monarchie avait surmonté cette difficulté : l'usage lui prescrivait des règles et le pouvoir du roi, accepté par tous, n'en souffrait pas. Maurras a cru qu'on pouvait reconstituer en laboratoire cet arbre dont les siècles avaient formé l'aubier. Mais la prudence des hommes peut-elle construire à la place du temps ? Et l'histoire de la monarchie ne nous prouve-t-elle pas que la royauté elle-même repose comme le fascisme sur l'espérance du *prince sage*, et que ses plus beaux jours ont été ceux où elle a été guidée par ce *despote éclairé* que les hommes cherchent en vain parmi les capitaines qui les conduisent ?

Quel prince humain, quel juste portera la verge de Moïse ? Ceux dont la voix et le regard ont charmé les foules les ont menées, comme des aveugles, vers les précipices. Et à quoi cela sert-il de dire que les précipices étaient partout et que les chefs des peuples désignés par les contrôles les plus traditionnels et les plus prudents n'ont pas su les faire éviter non plus aux hommes qu'ils conduisaient ? Le pouvoir absolu doit montrer sa supériorité sur l'autre en évitant justement ces catastrophes qui paraissent inévitables. Il n'y a pas de réponse à tout cela, ou plutôt il n'y en a qu'une. Le pari est partout. Celui qu'on porte sur le bouclier de Clovis, même s'il a été choisi par de vieilles dames à parapluies dans d'honnêtes salles d'école, les circonstances dramatiques en font tout à coup le consul qui conduit les légions en silence vers les défilés de la Trébie. Ce pari qu'on ne veut pas faire, le feu qui frappe la tribu nous l'impose. Égaré, éperdu, le petit homme gras et madré, la fatalité lui a planté ses ongles crochus dans le cou : il ne dort plus, il boit de grands verres de cognac dans son angoisse, à l'aube, il parle aux journalistes avec des yeux fuyants. Puis, chef de guerre malgré lui, mais chef de guerre tremblant, il signe lui aussi les ordres qui portent la guerre et la mort. Alors, à quoi sert-elle notre sagesse ? Et qui peut vivre sans parier ? C'est la nuit qui est la plus forte. Il y a une heure dans le destin des nations où elles marchent à tâtons. Il y a un moment où chaque pas qu'on fait, on le fait dans la nuit. Et l'homme qui avance en somnambule au-devant de son destin et du nôtre, si petit, si désarmé contre les vents qui se déchaînent devant lui, qu'est-ce que cela fait qu'il soit entouré de conseils et d'autres figures blêmes, qu'il ait été choisi selon les règles, il faut qu'il décide seul, les circonstances en font un dictateur malgré lui, et, malgré lui, il lève d'une main malhabile cette épée trop lourde que le hasard lui a mis entre les mains. L'espoir des nations, leur vie, ne sont-ils pas alors remis à cet inconnu dont l'histoire fait soudain un despote et duquel rien ne présage qu'il sera plus éclairé qu'un autre devant une tragédie imprévue ? À quoi sert-il alors que son pouvoir soit faible et qu'il soit cauteleux plutôt que fort ? Tout pouvoir est angoisse, et, quand l'heure sonne, les hommes sont aussi démunis contre le destin que contre la mort. Tout ce que nous pouvons faire, c'est de souhaiter un homme qui ne se félicite pas qu'il ne manque pas un seul bouton de guêtre. Contre la guerre et la folie des hommes, qui peut dire : « Nous sommes les plus forts » ? Mot de bateleur. Un chef qui mesure la gravité du pouvoir suprême ne vaut-il pas mieux, à ces moments-là, que les montreurs de singe qui cherchent un mot pour leur parade ?

TROISIÈME PARTIE

LE RÊVE FASCISTE

Les dictatures sont de tous les temps. Les Romains suspendaient les libertés de la république quand la patrie était en danger. La Convention en a fait autant. Le régime de la « patrie en danger » est un régime d'autorité imposé dans un cas grave pour assurer l'indépendance et le salut du pays. Les nations en guerre, les villes en état de siège, les pays divisés par la guerre civile sont nécessairement gouvernés suivant des méthodes autoritaires quel que soit le personnel politique qui se trouve alors en place. Ces méthodes se caractérisent par la limitation des libertés traditionnelles et en particulier par une certaine discipline imposée à la liberté de discussion. Cette discipline est, suivant les cas, librement consentie ou imposée. Le but de ces régimes provisoires autoritaires est d'unir, comme un faisceau, pendant cette période de crise, toutes les forces du pays et de ne pas permettre aux intérêts privés ou aux influences étrangères de détourner à leur profit ces forces nécessaires à la défense de tous.

Cette conduite autoritaire de la nation que les peuples acceptent et qu'ils réclament même parfois dans des périodes de crise peut-elle devenir une méthode habituelle de gouvernement, une fois que le danger est passé ? Le *fascisme* consiste à répondre affirmativement à cette question. Les partis fascistes prétendent que c'est l'abus habituel de la liberté qui prépare les périodes dangereuses pendant lesquelles l'indépendance et la vie de la nation sont en péril. Ils croient qu'il faut prévenir le retour de ces périodes de crise en acceptant normalement une certaine discipline nationale. Ils croient aussi que les conditions actuelles de notre vie politique mettent tous les pays en état de péril permanent et que les mesures propres à assurer leur indépendance et leur salut doivent être prises dès maintenant, si l'on ne veut pas être désarmé au moment où surgira le danger.

Le fascisme est, d'abord, une médecine empirique qui naît de la crise elle-même ou de la menace de la crise. C'est ainsi qu'il a surgi dans tous les pays du monde et c'est pourquoi il a des visages si divers. Cette réaction de défense emprunte sa forme et son inspiration à l'image que les hommes les plus conscients et les plus vigoureux de chaque pays se font de leur passé et du génie de leur race. Tout fascisme est réaction par rapport au présent et toute réaction fasciste est résurrection. Le fascisme est donc, par son essence, nationaliste, ses aspirations profondes sont souvent intraduisibles pour les étrangers, il est parfois inexportable. Et cela explique l'idée que des adversaires même objectifs du fascisme se sont faits de celui-ci, à savoir qu'il ne peut être qu'une poussée de conscience nationale inutile aux autres peuples et qu'il ne peut aboutir qu'à une politique de prestige, d'expansion égoïste et de conquête.

C'est le contre-sens qu'on fait le plus souvent sur le fascisme, quand on se donne, du moins, la peine de l'examiner. Et les faits semblent donner raison à cette interprétation, puisque les deux exemples les plus fameux du fascisme d'avant-guerre peuvent être allégués à l'appui de cette conception.

Mais cette thèse ne tient pas compte de l'évolution que l'idée fasciste a subie pendant la guerre à mesure que la physionomie du monde moderne apparaissait plus clairement. Elle ne tient pas compte non plus du contenu réel qui s'est substitué aux diverses versions instinctives du fascisme et qui s'est dégagé, lui aussi, sous la pression de la guerre et par rapport au monde moral dans lequel nous vivons depuis la fin des hostilités.

L'évolution du fascisme pendant la guerre a échappé à presque tous les observateurs, pressés de condamner et peu soucieux d'une histoire exacte. Au commencement de la guerre, le fascisme est nationaliste, arrogant, imperturbable. Il affirme le triomphe d'une certaine qualité humaine sur une certaine médiocrité humaine, il oppose ce triomphe à toutes les plaintes, il ne promet rien, il se soucie même peu qu'on l'admire et qu'on prétende l'imiter. Puis le caractère gigantesque de la guerre, l'apparition des deux pôles formidables des temps modernes émergeant de la brume dans laquelle on les discernait à peine ont amené les fascistes à prendre conscience de la fragilité du fascisme et aussi de sa signification. Le gouvernement d'Hitler parle de l'Europe, alors : il la montre comme un avenir, comme une récompense, comme une réhabilitation. Peu importe qu'il soit sincère ou qu'il cherche à tromper. Chez ceux qui combattent et chez ceux qui vivent le fascisme, l'idée fasciste a un contenu nouveau, dramatique, qu'elle n'avait pas auparavant. On leur avait dit que le fascisme était la meilleure parade contre le communisme et qu'il était aussi la lutte contre le libéralisme destructeur. Mais, désormais, ils savent que le fascisme est un combat vital, une défense désespérée. Ils savent que la victoire fasciste est la seule chance d'établir un *troisième ordre*, un *troisième monde* et que la défaite du fascisme condamnera les hommes à ne plus connaître pendant très longtemps que l'affrontement stérile des démocraties libérales et du communisme. Ils savent aussi que l'idée de l'unité de l'Europe n'est pas seulement un thème de propagande : cette unité est nécessaire, elle est la seule voie de salut entre les deux monstres qui apparaissent : et si le fascisme perd cette guerre, ils savent que cette unité ne sera jamais réalisée, car l'Europe sera une terre conquise, elle appartiendra soit aux États-Unis ou à la Russie soviétique, elle sera une terre dépendante, une colonie d'un type nouveau, elle n'aura jamais la possibilité de réaliser cette conception politique originale, cette nouvelle idée de l'homme qui seule peut lui servir de support. Que Ribbentrop mente, que Goebbels mente, qu'ils rêvent encore, d'annexions et d'hégémonie, cela n'a aucune espèce d'importance. L'idée fasciste change et prend sa forme définitive, sans eux. Elle naît chez ceux qui combattent, chez ceux qui tombent, chez ceux qui seront, demain, proscrits et condamnés. Elle naît du sacrifice et bientôt de la persécution. C'est le baptême des idées devant l'histoire. Le fascisme n'aurait peut-être pas survécu à la victoire du fascisme. Sa résurrection paradoxale, aujourd'hui, sa résurrection sous un visage nouveau, sous tant de visages nouveaux, c'est le résultat de cette vie spontanée dans le combat, dans l'épreuve, dans la destruction. Si le grain ne meurt, je vous le dis... Le grain est mort, il a pourri de toutes les manières, et aujourd'hui la terre craquelle, la terre se soulève, sous une vie que nous reconnaissons.

C'est la guerre aussi qui apprit aux fascistes pourquoi ils étaient fascistes. La propagande des vainqueurs prétendait montrer « le vrai visage du fascisme » : elle braqua ses projecteurs sur le ghetto de Varsovie et sur les camps d'extermination, elle montra des milliers de cadavres et elle en demanda compte. Le fascisme n'est pas responsable de ces cadavres, mais la guerre et notamment la guerre illégale et souterraine qui a été employée pour la première fois au lieu de la guerre des combattants. Nous avons désolidarisé le fascisme des procédés d'extermination qui ont été employés à tort et dans des conditions épouvantables, lorsque nous avons montré que le fascisme n'aboutissait nullement au racisme et que les fascistes n'ont pas à accepter, par conséquent, la responsabilité d'une politique à laquelle leur doctrine ne conduit pas. Quant aux crimes de guerre qui ne sont pas la conséquence d'une interprétation aberrante du racisme, mais qu'on attribue à la *brutalité* du fascisme, les démocraties et les pays communistes nous ont montré, par leur conduite de la guerre, qu'ils n'étaient pas le propre d'un camp, mais que tout le monde avait des actes criminels à se reprocher : de plus, l'invention de la guerre subversive et l'intervention illégale des civils par des actes de guerre est à l'origine des procédés de défense que les responsables militaires ont dû accepter pour la protection de leurs troupes, et cette réaction des responsables n'est pas particulière non plus aux pays fascistes. Les armées des pays démocratiques, placées dans les mêmes circonstances, ont dû se défendre, elles aussi, à contre-cœur, par des procédés que réprouve la conscience de tout soldat, mais qui sont une fatalité de la guerre subversive. Les exemples qu'on pourrait citer sont présents à l'esprit de tous : ils prouvent seulement qu'aucune nation, aucun régime ne peut échapper à la fatalité de la répression quand l'adversaire en fait un moyen de défense inévitable. Cette confirmation donnée par les faits nous a appris que les campagnes sur les atrocités ne sont que des instruments de la propagande. Car chacun proteste contre celles que subit le camp auquel vont ses préférences et ignore celles que celui-ci commet à son tour. Ces atrocités sont assurément une des tares les plus graves de notre temps. Mais l'usage qui en est fait par des intellectuels malhonnêtes et hypocrites est une bassesse qui n'est pas moins grande.

Pendant que les adversaires du fascisme feignaient ainsi d'apprendre de la guerre « le vrai visage » des hommes qui pensaient autrement qu'eux, les fascistes découvraient de leur côté pour quelle conception de l'homme et pour quelle idée de l'ordre ils combattaient. Ils comprenaient notamment qu'ils ne combattaient ni pour la résurrection du Saint-Empire ni pour celle des légions de César et que les chevaliers teutoniques, les centurions, les samouraïs ou les Croisés n'étaient que des versions géographiques et accidentelles de l'image qu'ils portaient en eux. Ils comprirent ce qu'ils risquaient de perdre dans la défaite, ce qu'ils étaient en train de perdre, en comparant à leur propre idée de l'homme et à leur idée de la vie celle que leur offrait le libéralisme démocratique et le communisme. Ils prirent conscience de *l'homme du fascisme*, variété morale qui n'eut pas le temps d'avoir son historien. L'homme du fascisme était en eux. Il fut rejeté dans les ténèbres par l'ombre énorme de la statue appelée Gestapo qu'on hissait à grands renforts de treuils sur la place publique de l'histoire. Aujourd'hui l'homme du fascisme reparaît. Et la Gestapo a changé de camp.

C'est cette image nouvelle de l'homme qui est essentielle. Les *caractères* du fascisme, nous l'avons vu, sont discutables, et un petit nombre seulement de ceux que nous avons examinés sont à retenir dans une définition logique du fascisme. Le parti unique, les méthodes policières, le césarisme publicitaire, la présence même d'un *führer* ne sont pas nécessairement des attributs du fascisme : et encore bien moins l'orientation réactionnaire des alliances politiques. Le refus du contrôle et de la libre adhésion des masses, la fatalité des opérations de prestige et des raids militaires. Une direction ferme et stable de la nation, la primauté de l'intérêt national sur les intérêts privés, la nécessité d'une discipline loyalement acceptée par le pays, sont les véritables bases politiques du fascisme, celles qui se dégagent de sa définition même. Le pouvoir peut être exercé dans un État fasciste par un Comité central, un Conseil ou une junte aussi bien que par un chef désigné, son action n'est pas inévitablement brutale et abusive, elle peut être tolérante et souple, l'instrument politique essentiel du fascisme est le rôle qu'il reconnaît à une minorité de militants désintéressés et résolus, capable de donner l'exemple par leur propre vie et de porter le message d'une cité juste, loyale et honnête. Les fameuses *méthodes* fascistes sont donc constamment révisées et elles ne cesseront pas de l'être. Ce qui est plus important que les mécanismes, c'est l'idée que le fascisme se fait de l'homme et de la liberté.

*

Le fascisme oppose à l'image de l'homme que se fait la démocratie une autre image, à la conception de la liberté que revendique la démocratie une autre conception.

Les démocraties ne mettent pas d'autre limite à la liberté que l'interdiction de nuire à autrui. Elles ont mis peu de temps à découvrir que, sans nuire à autrui, on pouvait nuire au gouvernement : et leurs codes fourmillent de délits politiques. Mais elles n'ont jamais consenti à reconnaître que, sans nuire à autrui individuellement, on pouvait nuire à la nation toute entière par l'abus de la liberté. Le fascisme oppose à cette conception anarchique de la liberté une conception sociale de la liberté. Il ne permet pas ce qui nuit à la nation. *Il permet tout le reste.* Il est faux de croire qu'il est dans l'esprit du fascisme de limiter la liberté individuelle ou la liberté de pensée. Rien n'est changé à la vie de chaque jour quand un pays devient fasciste : contrairement à la phrase fameuse, quand on sonne à sept heures, c'est le coup de sonnette du laitier. Mais le fascisme ne permet pas à quelques-uns de se tailler des empires en s'emparant de l'esprit des niais. Le public n'est pas un étang où l'on peut pêcher toute l'année et où ses flibustiers bien équipés ont le droit de ramener des fortunes dans leur nasse. Chacun peut penser ce qu'il veut et le dire. Mais le détournement des volontés doit être puni dans un pays bien policé au même titre que les vols d'électricité. Il n'est pas raisonnable que les lois protègent nos lapins et ne protègent pas nos cervelles.

La liberté anarchique des démocraties n'a pas seulement permis le détournement de la volonté populaire et son exploitation au profit d'intérêts privés, elle a eu un résultat plus grave encore. Elle nous fait une vie ouverte de toutes parts à toutes les inondations, à tous les miasmes, à tous les vents fétides, sans digue contre la décadence, l'expropriation et surtout la médiocrité. Elle nous fait vivre dans une steppe que tout peut envahir. Il n'y a qu'un mot d'ordre purement négatif ; défendre la liberté. Mais cette liberté est comme une drogue qu'on boit d'un seul coup, elle est un chrême qu'on reçoit et ensuite l'homme est abandonné dans cette steppe sans défense. Les monstres font leur nid dans cette steppe, les rats, les crapauds, les serpents la transforment en cloaque. Ce pullulement a le droit de croître, comme toutes autres orties et chiendents. La liberté, c'est l'importation de n'importe quoi. Toute la pouillerie dont les autres peuples veulent se débarrasser, elle a aussi le droit de s'installer sur la steppe sans détour, d'y parler haut, d'y faire la loi et aussi de mêler à notre sang des rêves négroïdes, des relents de sorcellerie, des cauchemars de cannibales qui tapisseront comme des fleurs monstrueuses des cervelles étrangères que nous ne reconnaîtrons plus : l'apparition d'une race adultère dans une nation est le véritable génocide moderne et les démocraties le favorisent systématiquement. Quant à la médiocrité, elle monte comme un empoisonnement insidieux dans ces peuples qu'on gave d'instruction sans jamais leur donner un but et un idéal. Elle est la lèpre des âmes de notre temps. Personne ne croit à rien, tout le monde a peur d'être dupe. L'État démocratique ne distribue de tâche à personne, il ne donne qu'une noix creuse, une liberté sans contenu, sans visage, qu'on dilapide en jouissances miteuses. Chacun est enfermé dans son égoïsme. Et chacun voit avec dégoût chez son voisin sa propre image et l'image de son triste bonheur. Et ils regardent avec haine ces miroirs de leur misère.

Le fascisme peut-il être une foi ? C'est un bien grand mot. Nos religions meurent, elles sont exsangues et l'homme attend de nouveaux dieux. Aucune image de la cité ne peut remplacer les dieux. Mais le destin des hommes peut encore être une raison de vivre. Si nos vies sont condamnées à la nuit, la joie de construire, la joie de se dévouer, la joie d'aimer, et aussi le sentiment d'avoir fait loyalement notre métier d'homme, sont encore l'ancre à laquelle nous pouvons nous attacher. Ces avenues qu'on se trace pour soi, c'est elles qui ont sauvé les hommes de notre temps qui ne se résignaient pas à la médiocrité et au dégoût. Ces routes de la joie, le rêve fasciste veut les ouvrir à tous les hommes. Il n'y a pas de fascisme véritable sans une *idée* qui montre à tous les perspectives d'une œuvre grandiose. Et le fascisme véritable consiste précisément à associer toute la nation à cette œuvre, à la mobiliser toute entière pour elle, à faire de chacun de ceux qui travaillent un pionnier et un soldat de cette tâche et à lui donner ainsi cette fierté d'avoir combattu à son rang. L'esprit du fascisme consiste avant tout à pénétrer chacun de la grandeur de la tâche accomplie par tous et à donner ainsi à chacun une joie intérieure, une occupation profonde, un objectif vital qui éclairera et transformera sa propre existence. Il est faux de penser que cette *idée* doit s'exprimer par une politique de conquêtes. C'est la forme facile et vulgaire des grandes entreprises et elle n'appartient plus à notre temps. L'équipement d'un pays, la réalisation d'un ordre social juste et d'un peuple sain, la transformation de nos conditions de vie en fonction du monde moderne, le rayonnement de notre influence et de notre exemple sont des tâches difficiles et belles auxquelles chacun peut contribuer à sa place. Tout est aventure lorsqu'on y met l'esprit d'aventure. Transformer la Corrèze, cela peut être aussi passionnant que d'organiser l'Aéropostale, mais il faut injecter l'*idée* que c'est une entreprise passionnante. On reconnaît le fascisme à cette mystique de la réalisation que rien ne remplace. C'est un signe d'abâtardissement lorsque le culte d'un homme est substitué à la tâche à accomplir et lorsque la nation n'est plus nourrie que de paroles, d'autorité sans programme, de portraits en guise de principes : elle n'est plus alors qu'un âne qu'un gendarme traîne derrière lui.

Le fascisme aboutit ainsi à une autre morale sociale que celle de la démocratie et il cherche à développer un type humain que les démocraties ignorent et combattent.

Les démocrates croient à la bonté naturelle de l'homme, au progrès, au sens de l'histoire. Ils pensent que toutes les parties de la personnalité méritent un égal développement. Pour eux, l'État ne fait pas de morale, il se borne à apprendre à lire, l'instruction est une panacée qui doit faire des miracles. Aussi la démocratie ne se mêle-t-elle pas d'établir une image de l'homme qui lui soit propre. Son *beau idéal* n'existe nulle part. On ne peut même pas dire que les hommes en place sélectionnent des *sujets* qui leur conviennent, comme les directeurs de séminaires, la démocratie ne connaît que les diplômes. La démocratie distribue des prix d'excellence, elle met ses bons élèves au Panthéon : mais, en cent ans, elle n'a pas produit un seul héros.

Les fascistes ne croient pas que l'homme soit naturellement bon, ils ne croient pas au progrès ni au sens irréversible de l'histoire. Ils ont cette idée ambitieuse que les hommes ont le pouvoir de faire, en partie du moins, leur destin. Ils pensent que les révolutions de l'histoire ont, certes, des causes et des préparations de toutes sortes, mais qu'elles ont été finalement déterminées et conduites par l'énergie d'un homme ou d'un groupe, sans lesquels ces révolutions n'auraient pas eu lieu. Ils regardent donc les victoires et les défaites comme le résultat d'un mélange de causes lointaines, de hasards du moment et de la volonté opiniâtre des hommes qu'on ne peut mettre en équation et ils ne désespèrent pas que l'homme puisse, à force de prudence et d'énergie, résister aux événements. Ils croient notamment qu'il appartient aux responsables d'une action de développer dans leur peuple les qualités qui lui permettront de survivre et de ne pas plier devant l'adversité.

Le but de l'État fasciste est donc de former des hommes selon un certain modèle. Contrairement aux États démocratiques, les États fascistes n'hésitent pas à enseigner une morale. La volonté et l'énergie dont dispose la nation leur paraissant son capital le plus précieux, ils mettent au premier rang et ils cultivent de préférence les qualités collectives qui forgent l'énergie nationale et la garantissent. Ils cherchent donc à développer comme qualités nationales la discipline, le goût de l'ordre, l'amour du travail, le sentiment du devoir et de l'honneur. Dans la pratique des tâches quotidiennes, ces principes de la morale nationale s'expriment par le sens des responsabilités, le sens de la solidarité, la conscience des devoirs du commandement, le sentiment d'être à sa place dans un ordre accepté et dans une tâche importante. Ces sentiments ne s'enseignent pas dans les écoles par des phrases inscrites au tableau noir. Si l'éducation doit les faire naître chez l'enfant, c'est le régime lui-même qui doit les développer chez l'homme par la justice dans la répartition du revenu national, par l'exemple qu'il donne, par les tâches qu'il propose. La discipline ne naît pas dans l'action par un coup de baguette magique ni en réponse à quelque appel grandiloquent : elle est une marque d'estime que le peuple donne à ceux qui le dirigent, et un régime doit la mériter chaque jour par le sérieux de son action et la sincérité de son amour du pays. La discipline d'une nation est une arme qui se forge comme la discipline d'une armée, c'est entendu, c'est un trésor qu'on doit protéger, mais c'est aussi et c'est surtout la récompense des hommes qui se donnent tout entiers à leur tâche et qui sont eux-mêmes l'exemple du courage, du désintéressement et de l'honnêteté.

Cette cohésion de la volonté nationale n'est possible, d'ailleurs, que dans un pays propre. Aucun régime ne doit être plus soucieux de l'honneur, de l'honnêteté, de la santé morale qu'un régime autoritaire, et il doit être d'abord implacable à l'égard de ses propres dignitaires. C'est ce qu'on n'a pas toujours vu dans le passé. Mais il y a bien d'autres choses encore qu'on n'a pas toujours vu dans le passé. C'est cette exigence vis-à-vis de soi-même qui seule légitime la discipline qu'on demande aux autres d'accepter. Mais la politique de propreté, ce n'est pas seulement cela. C'est aussi l'élimination systématique de tout ce qui décourage, salit et dégoûte. Je ne pense pas ici aux publications pornographiques par la suppression desquelles les chaisières et les moralistes croient sauver les nations, mais essentiellement aux fortunes ramassées sans travail, aux réussites injustifiées, aux faisans et aux gredins triomphants dont le spectacle est infiniment plus démoralisant et nocif que celui des fesses des cover-girls. Je ne tiens pas au règne de la Vertu et encore moins à celui de l'ordre moral. Mais je regarde comme une évidence qu'on ne peut demander à un peuple d'aimer son travail et de le faire avec sérieux et avec exactitude que si l'on retire du circuit social tous ceux qui insultent à son travail et à sa conscience par leur manière de s'enrichir.

Ce n'est pas seulement une autre image de la nation, c'est une autre image de l'homme que le fascisme propose. Parmi les qualités de l'homme, il y en a que l'esprit fasciste met au-dessus de toutes les autres, parce qu'elles lui paraissent les qualités mêmes sur lesquelles reposent la force et la durée des États et aussi celles qui permettent à l'homme de donner un sens à sa vie. Ces qualités sont celles qu'on a exigées de tous temps des hommes qui participent à des entreprises difficiles ou dangereuses, le courage, la discipline, l'esprit de sacrifice, l'énergie, vertus qu'on exige des soldats au combat, des pionniers, des équipages en péril. Ce sont des qualités proprement militaires et pour ainsi dire, animales : elles nous rappellent que la première tâche de l'homme est de protéger et de dompter, vocation que la vie grégaire et pacifique des cités nous fait oublier, mais que le danger réveille et toute œuvre difficile où l'homme retrouve ses adversaires naturels : les tempêtes, les catastrophes, les déserts. Ces qualités animales de l'homme en ont engendré d'autres qui en sont inséparables, car elles appartiennent au code de l'honneur qui s'est établi dans le danger : ce sont la loyauté, la fidélité, la solidarité, le désintéressement. Sur ces qualités se sont établis de tous temps les rapports des hommes entre eux aux mêmes heures d'incertitude et d'abandon. Elles constituent un système d'engagements mutuels sur lesquels tous les groupes d'hommes peuvent vivre : le reste de la morale n'est qu'une série d'*applications*, qui a varié et qui variera toujours selon les temps et les lieux. Mais ces qualités mêmes qui sont *fonctionnelles*, pour ainsi dire, et que le rêve fasciste tient pour essentielles, elles en développent d'autres à leur tour qui ne sont que le raffinement de ces qualités d'applications, qui a varié et qui variera touprimordiales et qui deviennent essentielles à leur tour, à mesure que l'animal humain est plus conscient de ce qu'il est et de ce qu'il vaut. Ces qualités sont un luxe que les sociétés militaires se donnent dès qu'elles ont pris leur forme et constitué leur hiérarchie. Elles comprennent la fierté, l'exactitude de la parole donnée, la générosité, le respect de l'adversaire courageux, la protection de ceux qui sont faibles et désarmés, le mépris pour ceux qui mentent et au contraire l'estime pour ceux qui s'opposent loyalement. Ces qualités civiques que nous sentons encore palpiter obscurément dans nos cités décadentes ont été l'honneur de ceux qui ont fait, dans le passé, métier de se battre et d'être pleinement des hommes. On les retrouve aussi bien dans les Ordres militaires et religieux que chez les princes sarrazins et les samouraïs. Elles constituent, au fond, le seul code que les sociétés militaires aient reconnu conforme à leur vocation, elles sont l'essentiel de l'honneur du soldat. On nous dit que, plus tard, les moines guerriers sont devenus reîtres et sodomistes, les barons mercenaires et les princes coupe-jarrets. Qu'est-ce que le temps, la richesse et surtout le pouvoir ne dégradent pas ? C'est l'idée qui importe. Cette belle bête humaine, cette solide bête humaine que rêvait le fascisme, c'est dommage certes que la boue de la guerre l'ait rendue souvent méconnaissable, que la fureur de la guerre l'ait effacé comme une statue du désert en faisant siffler le grand vent de la vengeance et de la haine. Je ne dis pas : « voilà ce qui fut ». Je dis : « voilà ce qui aurait pu être et ce qui fut quelquefois ». Voilà le rêve du fascisme, qui ne fut qu'un rêve et le cœur de quelques-uns.

L'échec ne doit pas nous faire oublier que l'image existe, qu'elle reste aussi grande et que d'autres peut-être la retrouveront un jour sous d'autres noms. Le terme même de fascisme sombrera sans doute, parce qu'il est trop chargé de calomnies, parce qu'il est perdu dans une mer de ténèbres entourée de brumes maléfiques. Qu'importe le mot ? L'ordre de Sparte, l'homme selon Sparte, c'est le seul bouclier qui nous restera, nous le savons tous, quand l'ombre de la mort se lèvera devant l'Occident. C'est Lénine qui prophétisait que le fascisme serait la dernière forme que prendraient pour survivre les sociétés qui ne capituleraient pas sans combat devant la dictature communiste. Si l'Occident n'a plus de forces, s'il disparaît comme un vieillard qui se noie, nous ne pouvons rien pour lui. Mais s'il se dresse pour se défendre, la prophétie de Lénine se réalisera. Sous un autre nom, sous un autre visage, et sans doute sans rien qui soit la projection du passé, figure d'enfant que nous ne reconnaîtrons pas, tête de jeune Méduse, l'ordre de Sparte renaîtra : et paradoxalement, sans doute, sera-t-il le dernier rempart de la Liberté et de la douceur de vivre.

Déjà parus

OMNIA VERITAS LTD PRÉSENTE :

Du Frankisme au Jacobinisme

La vie de Moses Dobruska, alias Franz Thomas von Schönfeld alias Junius Frey

PAR

GERSHOM SCHOLEM

La vie mouvementée de Moses Debruska, personnage énigmatique qui participa à la Révolution française raconté par un des plus grands noms de la pensée juive contemporaine

Élevé comme juif orthodoxe, il devint par la suite l'adepte d'une secte kabbaliste

Omnia Veritas Ltd présente :

Childéric, roi des Francs

de ANNE-MARIE DE BEAUFORT

Les Francs n'estimoient que la profession des armes ; ils laissoient l'agriculture et les métiers aux esclaves

tout citoyen étoit soldat et se présentoit toujours armé...

OMNIA VERITAS LTD PRÉSENTE :

COMBAT POUR BERLIN

Berlin est quelque chose d'unique en Allemagne. Sa population ne se compose pas, comme celle d'une ville quelconque, d'une masse uniforme, repliée sur elle-même, et homogène.

La capitale représente le centre de toutes les forces politiques

Omnia Veritas Ltd presente:

LA GUERRE OCCULTE
de
Emmanuel Malynski

Satan s'est révolté au nom de la **liberté** et de **l'égalité** avec **Dieu**, pour asservir en se substituant à **l'autorité** légitime du Très-Haut...

Toute l'histoire du XIXe siècle est marquée par l'évolution du mouvement révolutionnaire

Les étapes du duel gigantesque entre deux principes

Omnia Veritas Ltd présente :

Histoire de France
de
Jacques Bainville

Ce classique de Jacques Bainville fait son grand retour !

Revisitez **ces grandes figures historiques** qui ont bâti la France.

Un ouvrage indispensable à toute bibliothèque historique.

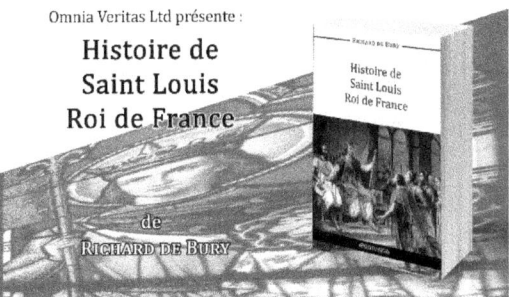

Omnia Veritas Ltd présente :

Histoire de Saint Louis Roi de France
de
RICHARD DE BURY

Le **roi**, avait, par les conseils et la prudente conduite de la **reine**, sa mère, rétabli **l'autorité royale**...

Mais l'esprit d'indépendance du gouvernement féodal, n'était pas encore éteint

OMNIA VERITAS

Omnia Veritas Ltd présente :

La Révolution préparée par la Franc-Maçonnerie

par

Jean de Lannoy

La Franc-Maçonnerie doit porter la responsabilité des crimes de la Révolution aussi bien que de ses principes

L'histoire de la Révolution remise à l'endroit

OMNIA VERITAS

Omnia Veritas Ltd présente :

L'Âge de Caïn

par **Jean-Pierre Abel**

Premier témoignage sur les dessous de la Libération de Paris

« Ce livre n'est pas un roman. Je ne fais qu'y conter des événements dont j'ai été le témoin... »

Abel qui renaît à chaque génération, pour mourir encore par la grande haine réveillée

---

OMNIA VERITAS

Omnia Veritas Ltd présente :

L'Angleterre et l'Empire Britannique

de

Jacques Bainville

La Perfide Albion racontée comme jamais par le grand historien.

Un éclairage **sur les ressorts ancestraux** de la politique anglaise.

Une compilation d'articles passionnante et édifiante !

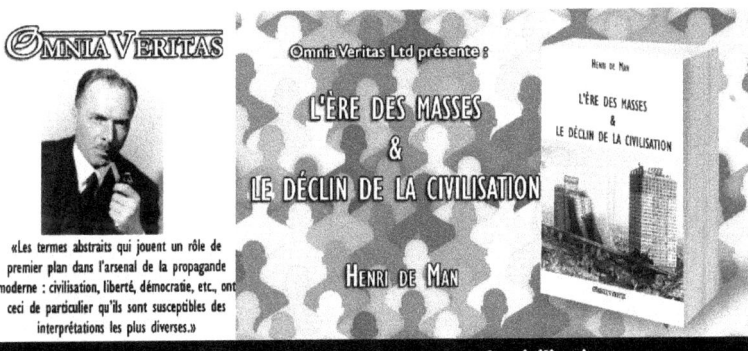

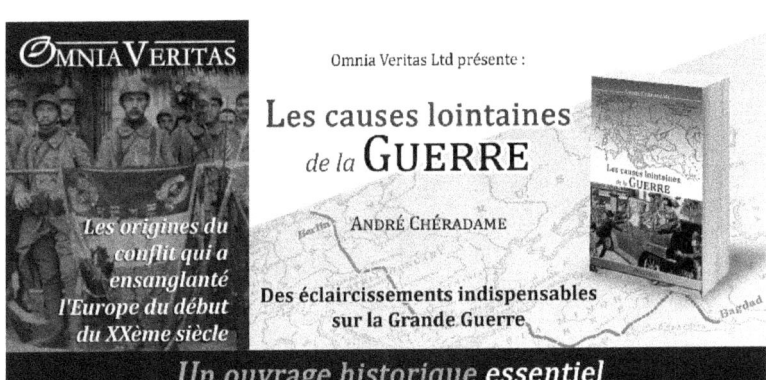

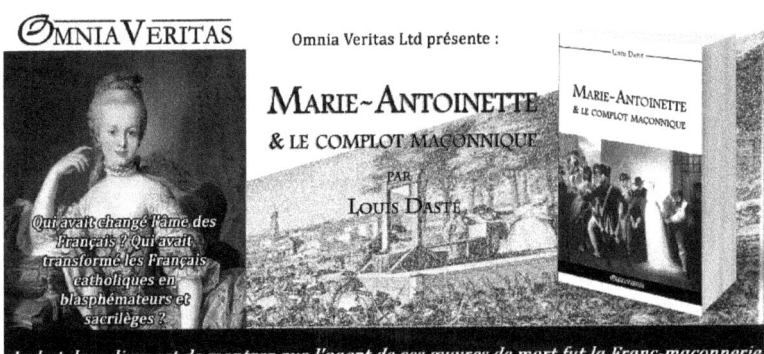

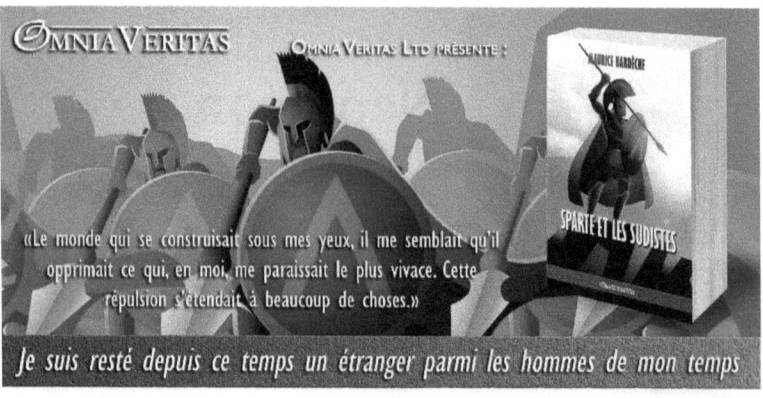

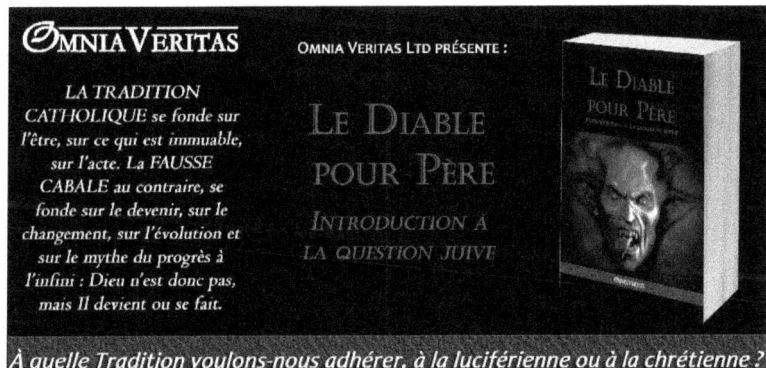

Omnia Veritas Ltd présente :

LE PASSÉ, LES TEMPS PRÉSENTS ET LA QUESTION JUIVE

Quel est le peuple, quelle est la nation qui devrait être la première du monde par ses vertus, par son passé, par ses exploits, par ses croyances ?

Que s'est-il passé pour ce qui devrait être ne soit pas ?

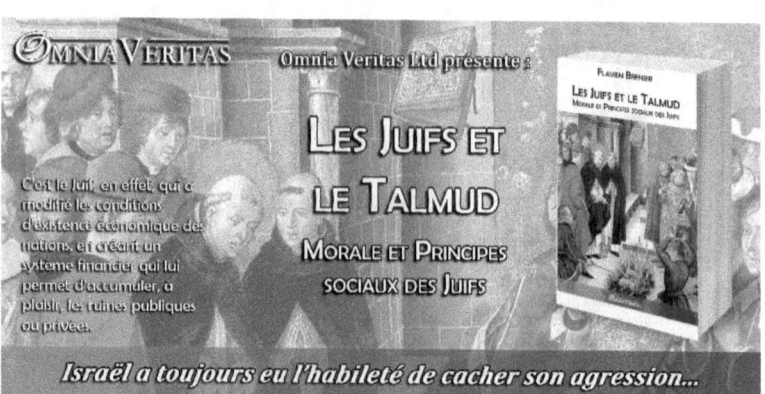

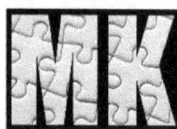 

Qu'est-ce que le Fascisme ?

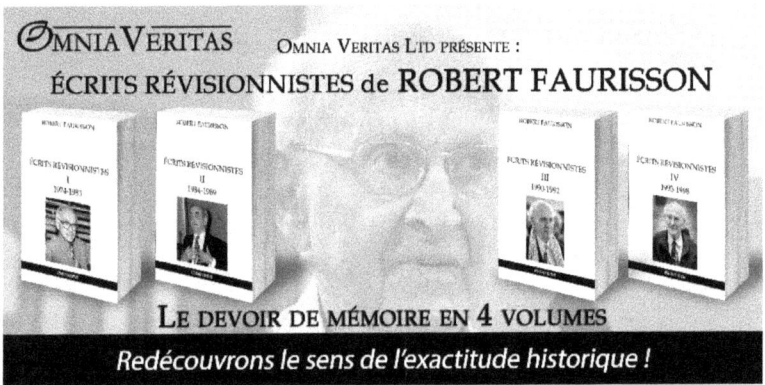

OMNIA VERITAS

Omnia Veritas Ltd présente :

J'ai mal de la terre

par

ROGER DOMMERGUE

Il ne reste qu'une seule valeur digne d'être exprimée : la souffrance de l'âme et du cœur

... *votre diagnostic est compatissant mais implacable*

OMNIA VERITAS

Omnia Veritas Ltd présente :

LE SILENCE DE HEIDEGGER ET LE SECRET DE LA TRAGÉDIE JUIVE

par

ROGER DOMMERGUE

POSER LA QUESTION DU SILENCE DE HEIDEGGER

Un souci de vérité synthétique motive ce long exposé

OMNIA VERITAS

Omnia Veritas Ltd présente :

VÉRITÉ ET SYNTHÈSE
LA FIN DES IMPOSTURES

par

ROGER DOMMERGUE

Seul le peuple élu appartient à l'essence même de dieu...

... *les autres hommes sont assimilés à des animaux*

OMNIA VERITAS — Omnia Veritas Ltd présente :

LES PAMPHLETS de LOUIS-FERDINAND CÉLINE

« ... que les temps sont venus, que le Diable nous appréhende, que le Destin s'accomplit. »

Un indispensable devoir de mémoire

OMNIA VERITAS — Omnia Veritas Ltd présente :

ÉCRITS CONTROVERSÉS de LOUIS-FERDINAND CÉLINE

« Jamais la littérature ne fut si facile à concevoir qu'à présent, mais aussi plus difficile à supporter. »

Aucun régime politique ne résisterait à deux mois de vérité...

OMNIA VERITAS — Omnia Veritas Ltd présente :

LOUIS-FERDINAND CÉLINE
PAMPHLETS

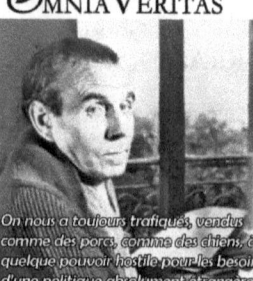 

On nous a toujours trafiqués, vendus comme des porcs, comme des chiens, à quelque pouvoir hostile pour les besoins d'une politique absolument étrangère...

Dans nos démocraties larbines, ça n'existe plus les chefs patriotes

Omnia Veritas Ltd présente :

100% monnaie
de
IRVING FISHER

Le grand classique d'Irving Fisher, le promoteur du plan de Chicago enfin en français !

"Un texte important qui devrait faciliter notre émancipation monétaire."
Étienne Chouard

Et si notre système monétaire n'avait jamais été mûrement réfléchi ?

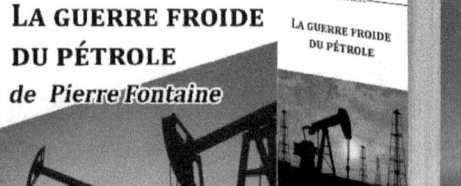

Omnia Veritas Ltd présente :

LA GUERRE FROIDE DU PÉTROLE
de Pierre Fontaine

... certaines personnes parlent de difficultés ou de **conflits internationaux**, elles murmurent le mot **pétrole** comme s'il était devenu synonyme de **génie malfaisant**.

Les batailles - secrètes ou publiques - pour la possession des sources pétrolifères

Omnia Veritas Ltd présente :

Histoire de l'Argent
de
CYRILLE JUBERT

L'Argent est certainement le meilleur investissement pour les 10 années à venir

Ce livre vous aidera à mieux comprendre ce qui est en train de se passer sous vos yeux aujourd'hui.

Vers la réforme monétaire...

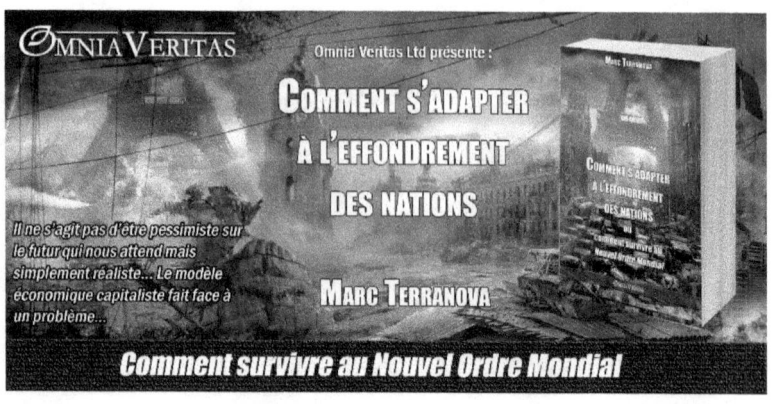

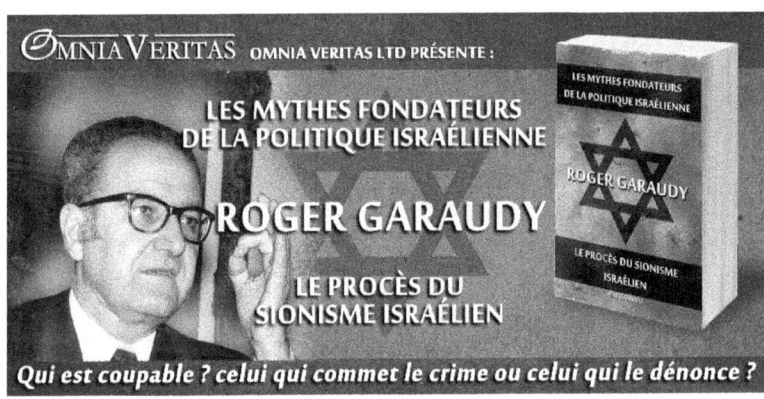

www.omnia-veritas.com

www.ingramcontent.com/pod-product-compliance
Lightning Source LLC
Chambersburg PA
CBHW071330190426
43193CB00041B/1379